manualidades fáciles **internacionales**

Punto para bebé y niño

manualidades fáciles internacionales

Punto para bebé y niño

Guía práctica paso a paso

**LONDRES, NUEVA YORK, MUNICH,
MELBOURNE Y DELHI**

Edición del proyecto Katharine Goddard
Edición de arte sénior Glenda Fisher y Elaine Hewson
Coordinación editorial Penny Smith
Coordinación de arte sénior Marianne Markham
Diseño de la cubierta Nicola Powling
Producción de preproducción Rebecca Fallowfield
Dirección de arte Jane Bull
Dirección de publicaciones Mary Ling

DK INDIA

Edición sénior Alicia Ingty
Edición Manasvi Vohra
Edición de arte sénior Balwant Singh
Edición de arte Zaurin Thoidingjam
Asistencia de edición de arte Nikita Sodhi
Coordinación de arte Navidita Thapa
Coordinación de preproducción Sunil Sharma
Maquetación Satish Chandra Gaur

Publicado originalmente en Gran Bretaña en 2013
por Dorling Kindersley Ltd.
Penguin Group (UK)
80 Strand, London WC2R 0RL

El material de este volumen fue publicado
originalmente en Gran Bretaña en
Baby and Toddler Knits Made Easy (2013)

Parte de Penguin Random House

Copyright © Dorling Kindersley Ltd.

© Traducción en español 2013 Dorling Kindersley Ltd.
Producción editorial de la versión en español: deleatur, s.l.
Traducción: Montserrat Asensio Fernández
y José Luis López Angón

Todos los derechos reservados. Queda prohibida,
salvo excepción prevista en la Ley, cualquier forma
de reproducción, distribución, comunicación pública y
transformación de esta obra sin contar con la autorización
de los titulares de la propiedad intelectual.

ISBN 978-1-4093-3072-1

Impreso y encuadernado en China por Leo Paper Products

Descubre más en www.dkespañol.com

Contenido

Introducción 6

Prendas y Complementos 8

Chaqueta de recién nacido 10

Cárdigan clásico 14

Chaquetita de ballet 18

Jersey sin mangas 22

Gorro de recién nacido 26

Diadema con flor 28

Patucos de recién nacido 30

Zapatitos de tira con botón 32

Pelota-sonajero 34

Sol de día, sol de noche 36

Osito clásico 38

Guirnalda de banderitas 42

Manta a punto de rombos 44

Manta cuatricolor 46

Móvil de búhos 50

Útiles y técnicas 54

Lanas 56

Agujas de tricotar 58

Cómo interpretar patrones 60

Técnicas clave 62

Comprender las instrucciones escritas 72

Aumentos y menguados 73

Vueltas acortadas 82

Punto multicolor 85

Detalles de acabado 86

Índice 94

Agradecimientos 96

Introducción

Con *Punto para bebé y niño* aprenderá a tejer preciosas prendas infantiles personalizadas. Aquí encontrará todas las técnicas y patrones que necesita para crear un regalo perfecto para recién nacidos y niños de hasta tres años de edad.

Este libro es adecuado para amantes del punto a todos los niveles, tanto si acaban de decidirse a empuñar las agujas como si ya tienen años de experiencia. Su selección de patrones le servirá de base y de inspiración para tejer prendas de vestir, juguetes, adornos para la habitación del bebé y complementos: seguro que encontrará la prenda ideal, independientemente de su gusto personal y su dominio de las agujas.

A lo largo del libro aprenderá a trabajar con distintos tipos de lanas, colores, adornos y sistemas de abrochado. Disfrute escogiendo los pequeños detalles que harán que cada patrón sea verdaderamente único. Si decide cambiar de tipo de lana o de hilo, consulte la tabla de equivalencias de la página 56 y elija uno del mismo peso o grosor y capaz de producir la misma tensión. No olvide tejer una muestra de tensión antes de empezar cualquier labor y, si fuera necesario, cambie de agujas hasta dar con las del grosor adecuado para lograr la tensión que precise.

La seguridad es primordial cuando se teje para un bebé: asegúrese de que las piezas pequeñas queden firmemente unidas y de que cintas y cordones estén bien cosidos y fuera del alcance del niño. Recuerde comprobar periódicamente si hay indicios de desgaste y repare todo lo que empiece a aflojarse.

En *Punto para bebé y niño* encontrará todo lo necesario para tejer a mano con seguridad y creatividad prendas y artículos que harán las delicias de todos durante años. Lo único que le planteará dificultades es decidir por qué patrón empezar.

Prendas y complementos

Chaqueta de recién nacido

ESTA SUAVE Y ELEGANTE CHAQUETA es ideal para un recién nacido. Basta con saber tejer a punto de jersey para el cuerpo, y a punto bobo para el canesú, los ribetes y las mangas. Los ojales de niño y de niña van en lados distintos: siga las instrucciones correspondientes. Busque un botón a tono con el color de lana que haya elegido.

necesitará

talla
Para recién nacido

materiales
3 ovillos de lana fina mezcla de merino y cachemira en ovillos de 50 g de color rosa pastel
1 par de agujas de tricotar de 3,25 mm
Aguja auxiliar
Aguja lanera
1 botón

tensión
27p y 37 vueltas en 10 cm a punto de jersey con agujas de 3,25 mm

cómo se hace

Espalda
Montar 62p con el método de montaje en ochos (montar 2p cruzados del derecho e insertar la aguja entre ambos para crear un nuevo punto, y así sucesivamente).
Vuelta 1 (R): d.
Vueltas 2 y 3: Como la vuelta 1.
Vuelta 4 (D): d.
Vuelta 5: r.
Las últ 2 vueltas marcan el pjer. Cont a pjer hasta que la pieza mida 17 cm, acabando con una vuelta por el R.

Forma de los brazos
2 vueltas sig: montar 36p, d hasta el final. (134p)
Cont a pb del mismo modo durante 32 vueltas más.

Forma del delantero derecho
Vuelta sig: 57d, girar y pasar los 77p rest a la aguja auxiliar.

Forma del cuello
Vuelta 1 (R): 1d, des1+1d+mon, d hasta el final. (56p)
Vuelta 2 (D): d hasta los últ 3p, 2dj, 1d. (55p)
Vuelta 3: como la vuelta 1. (54p)
Tejer 11 vueltas del d, acabando con una vuelta por el D.
Vuelta de aum (R): 1d, 1f, d hasta el final. (55p)
Tejer 3 vueltas del d sin dar forma.
Cont aum en el borde del cuello como en la vuelta de aum, en la vuelta sig y las 3 vueltas sig alt, y luego en el borde del cuello de las 2 vueltas sig. (61p)
Vuelta sig: montar y tejer 7d, d hasta el final. (68p)
Solo para niña:
Ojal: d hasta los últ 5p, cerrar 3p, 1d.
Vuelta sig: 2d, cerrar 3p, d hasta el final.
Solo para niño:
Tejer 2 vueltas del d.
Para niño y niña:
Forma de la sisa (D): cerrar 36p, d hasta el final.
Vuelta 1 (R): 5d, r hasta el final.
Vuelta 2 (D): d hasta el final.
Las últ 2 vueltas a pjer con ribete a pb:
Rep las últ 2 vueltas hasta que la pieza mida 16 cm desde la sisa, acabando con una vuelta por el D.
3 vueltas del d.
Cerrar.

Prendas y complementos

Forma del delantero izquierdo
Con el D de frente, empalmar el hilo a los p rest.
Cerrar los 20p sig, d hasta el final. (57p)
Vuelta 1 (R): d hasta los últ 3p, 2dj, 1d. (56p)
Vuelta 2 (D): 1d, des1+1d+mon, d hasta el final. (55p)
Vuelta 3 (R): Como la vuelta 1. (54p)
Tejer 12 vueltas del d sin dar forma, acabando con una vuelta por el R.
Vuelta de aum (D): 1d, 1f, d hasta el final. (55p)
2 vueltas del d sin dar forma.
Continuar aumentando como en la vuelta de aum en el borde del cuello en la vuelta sig y las 3 vueltas sig alt, y luego en el borde del cuello de las 2 vueltas sig. (61p)
Vuelta sig (R): d.
Vuelta sig (D): montar y tejer 7d, d hasta el final. (68p)
Solo para niña:
Tejer 2 vueltas del d.
Solo para niño:
Ojal: d hasta los últ 5p, cerrar 3p, 1d.
Vuelta sig: 2d, cerrar 3p, d hasta el final.
Para niño y niña:
Sisa (R): cerrar 36p, d hasta el final.
Vuelta 1 (D): d hasta el final.
Vuelta 2 (R): r hasta los últ 5p, 5d.
Rep las últ 2 vueltas hasta que la pieza (la manga) mida 16 cm desde la sisa, acabando con una vuelta por el D.
3 vueltas del d.
Cerrar.

Confección
Coser los lados y las mangas a punto de colchonero (p. 88). Estirar al vapor y coser el botón.

Consiga un acabado profesional con los adornos y los ribetes adecuados. Un sencillo botón de nácar va bien con todo.

El punto bobo
(p. 69) crea un tejido grueso. En esta chaqueta se ha utilizado en las mangas a fin de abrigar bien al bebé y aportar gracia a la prenda con un cambio de textura.

El punto de jersey
(p. 69) se hace solo con puntos del derecho y del revés, y queda perfecto con este hilo, porque produce un tejido suave y liso que no tiene nada que envidiar al de las prendas tejidas a máquina.

> **consejo**
> El ribete a punto bobo impide que el punto de jersey se enrolle.
> (P. 69)

Cárdigan clásico

TEJIDO CON UN SUAVE HILO FINO, mezcla de lana de merino, seda y cachemira, este cárdigan acariciará la piel del bebé y a la vez le mantendrá bien calentito. El punto de arroz da un atractivo especial a los ribetes, y el gran cuello de pico aporta un aire de sofisticación ideal para su pequeño caballero.

necesitará

talla
Para 6–12 meses (o 12–18; 18–24; 24–36)
Medidas reales:
Contorno de pecho 56 cm (o 60; 66; 72)
Longitud desde el hombro 28 cm (o 31; 34; 37)
Longitud de la manga 15 cm (o 17; 19; 22)

materiales
4 ovillos (o 4; 5; 5) de 50 g de hilo fino mezcla de merino, seda y cachemira, en azul celeste
1 par de agujas de tricotar de 3,25 mm
1 par de agujas de tricotar de 4 mm
4 (o 4; 5; 5) botones
Aguja auxiliar

tensión
22p y 28 vueltas en 10 cm a punto de jersey con agujas de 4 mm

cómo se hace

Espalda
Montar 65p (o 71; 77; 83) con las agujas de 3,25 mm.
Vuelta 1: 1d, [1r, 1d] hasta el final.
Esta vuelta forma el p de arroz.
Tejer 7 vueltas más.
Cambiar a las agujas de 4 mm.
Com con una vuelta del d, tejer a pjer hasta que la espalda mida 18 cm (o 20; 22; 23) desde el borde de montaje, acabando con una vuelta del r.

Forma de las sisas raglán
Cerrar 5p (o 6; 7; 8) al com de las 2 vueltas sig (55p, o 59; 63; 67)
Vuelta sig: 2d, des1+1d+mon, d hasta los últ 4p, 2dj, 2d.
Vuelta sig: r hasta el final.
Rep las últ 2 vueltas × 15 (o 16; 17; 18).
Cerrar los 23p (o 25; 27; 29) rest.

Delantero derecho
Montar 35p (o 38; 41; 44) con las agujas de 3,25 mm.
Vuelta 1: [1d, 1r] hasta el últ p (o 0; 1; 0) p, 1d (o 0; 1; 0).
Vuelta 2: 1d (o 0; 1; 0), [1r, 1d] hasta el final.
Estas 2 vueltas forman el p de arroz.
Tejer 6 vueltas más.
Cambiar a las agujas de 4 mm.
Vuelta 1: 5p a p de arroz, d hasta el final.
Vuelta 2: r hasta los últ 5p, 5 a p de arroz.
Estas 2 vueltas forman el pjer con el ribete en p de arroz.
Tejer recto hasta que la pieza mida 18 cm (o 20; 22; 23) desde el borde de montaje, acabando con 1 vuelta por el R.

Forma de la sisa raglán
Vuelta sig: 5p a p de arroz, pasarlos a una aguja auxiliar, d hasta el final.
Vuelta sig: cerrar 5p (o 6; 7; 8), r hasta el final. (25p, o 27; 29; 31)
Vuelta sig: 2d, des1+1d+mon, d hasta los últ 4p, 2dj, 2d.
Vuelta sig: r hasta el final.
Vuelta sig: d hasta los últ 4p, 2dj, 2d.
Vuelta sig: r hasta el final.
Rep las últ 4 vueltas × 5 (o 6; 7; 8). (7p, o 6; 5; 4)
Vuelta sig: d hasta los últ 4p, 2dj, 2d.
Vuelta sig: r hasta el final.
Rep las últ 2 vueltas × 3 (o 2; 1; 0). (3 p)
Cerrar.
Marcar la posición de los 4 (o 4; 5; 5) botones: el 1.º, en la 5.ª vuelta de p de arroz; el 4.º (o 4.º; 5.º; 5.º), 4 vueltas por debajo de la forma del cuello, y el resto, entre estos dos a intervalos regulares.

Prendas y complementos

Delantero izquierdo
Montar 35p (o 38; 41; 44) con las agujas de 3,25 mm.
Vuelta 1: 1d (o 0; 1; 0), [1r, 1d] hasta el final.
Vuelta 2: [1d, 1r] hasta el últ p (o 0; 1; 0), 1d (o 0; 1;0).
Estas 2 vueltas forman el p de arroz.
Tejer 2 vueltas más.
Vuelta del ojal: p de arroz hasta los últ 4p, eh, 2pj, 2 a p de arroz.
Tejer 3 vueltas más.
Cambiar a las agujas de 4 mm.
Vuelta 1: d hasta los últ 5p, 5 a p de arroz.
Vuelta 2: 5 a p de arroz, r hasta el final.
Estas 2 vueltas forman el pjer con el ribete a p de arroz.
Hacer los ojales al nivel de las marcas mientras se teje hasta que el delantero mida 18 cm (20; 22; 23) desde el borde de montaje, acabando con una vuelta por el R.

Forma de la sisa raglán
Vuelta sig: cerrar 5p (o 6; 7; 8), d hasta los últ 5p, pasar estos 5 p a una aguja auxiliar. (25p, o 27; 29; 31)
Vuelta sig: r hasta el final.
Vuelta sig: 2d, des1+1d+mon, d hasta los últ 4p, 2dj, 2d.
Vuelta sig: r hasta el final.
Vuelta sig: 2d, des1+1d+mon, d hasta el final.
Vuelta sig: r hasta el final.
Rep las últ 4 vueltas × 5 (o 6; 7; 8). (7p, o 6; 5; 4)

Vuelta sig: 2d, des1+1d+mon, d hasta el final.
Vuelta sig: r hasta el final.
Rep las últ 2 vueltas × 3 (o 2; 1; 0). (3 p)
Cerrar.

Mangas
Montar 37p (o 39; 41; 43) con las agujas de 3,25 mm.
Vuelta 1: 1d, [r1, d1] hasta el final.
Esta vuelta forma el p de arroz.
Tejer 7 vueltas más.
Cambiar a las agujas de 4 mm.
Com con una vuelta del d, tejer 2 vueltas a pjer.
Vuelta de aum: 3d, 1f, d hasta los últ 3p, 1f, 3d.
Tejer 5 vueltas.
Rep las últ 6 vueltas × 4 (o 5; 6; 7) y la vuelta de aum otra vez. (49p, o 53; 57; 61)
Cont hasta que la manga mida 15 cm (o 17; 19; 22) desde el borde de montaje, acabando con una vuelta del r.

Forma superior de la manga raglán
Cerrar 5p (o 6; 7; 8) al com de las 2 vueltas sig. (39p, o 41; 43; 45)
Vuelta sig: 2d, des1+1d+mon, d hasta los últ 4p, 2dj, 2d.
Vuelta sig: r hasta el final.
Rep las últ 2 vueltas × 15 (o 16; 17; 18).
Cerrar los 7p rest.

Solapa izquierda
Montar 11p (o 13; 17; 19) con las agujas de 4 mm. Con el D de frente, remontar y tejer 31d (o 33; 35; 37) en el borde anterior izquierdo del cuello y 5p de arroz de la aguja auxiliar. (47p, o 51; 57; 61)
Vuelta 1: p de arroz hasta el final.
Solo para la talla 4:
2 vueltas sig: p de arroz hasta los últ 42p, girar, des1, p de arroz hasta el final.
Solo para las tallas 3 y 4:
2 vueltas sig: p de arroz hasta los últ 38p, girar, des1, p de arroz hasta el final.

El ribete de punto de arroz impide que el punto de jersey se enrolle y es más original que el canalé.

Solo para las tallas 2, 3 y 4:
2 vueltas sig: p de arroz hasta los últ 34p, girar, des1, p de arroz hasta el final.
Todas las tallas:
2 vueltas sig: p de arroz hasta los últ 30p, girar, des1, p de arroz hasta el final.
2 vueltas sig: p de arroz hasta los últ 26p, girar, des1, p de arroz hasta el final.
2 vueltas sig: p de arroz hasta los últ 22p, girar, des1, p de arroz hasta el final.
2 vueltas sig: p de arroz hasta los últ 18p, girar, des1, p de arroz hasta el final.
2 vueltas sig: p de arroz hasta los últ 14p, girar, des1, p de arroz hasta el final.
2 vueltas sig: p de arroz hasta los últ 10p, girar, des1, p de arroz hasta el final.
2 vueltas sig: p de arroz hasta los últ 6p, girar, des1, p de arroz hasta el final.
Vuelta sig: p de arroz hasta los últ 6p, 3rj, 1d, 1r, 1d.
Vuelta sig: p de arroz hasta el final.

Cárdigan clásico

El cuello de pico y las costuras raglán definidas, junto con las solapas en punto de arroz dan un aire masculino al cárdigan.

La tira de los botones está tejida a punto de arroz. Elija botones a juego con el color de la lana.

Vuelta sig: p de arroz hasta los últ 4p, 3rj, 1d.
Cerrar a p de arroz.

Solapa derecha
Con las agujas de 4 mm, des 5p de la aguja auxiliar a la aguja de tricotar, remontar y tejer 31d (o 33; 35; 37) en el borde anterior derecho del cuello y montar 11p (o 13; 17; 19). (47p, o 51; 57; 61)
2 vueltas sig: 1d, [1r, 1d] × 8 (u 8; 9; 9), girar, des1, p de arroz hasta el final.
Solo para la talla 4:
2 vueltas sig: p de arroz hasta los últ 38p, girar, des1, p de arroz hasta el final.
Solo para las tallas 3 y 4:
2 vueltas sig: p de arroz hasta los últ 34p, girar, des1, p de arroz hasta el final.
Solo para las tallas 2, 3 y 4:
2 vueltas sig: p de arroz hasta los últ 30p, girar, des1, p de arroz hasta el final.

Todas las tallas:
2 vueltas sig: p de arroz hasta los últ 26p, girar, des1, p de arroz hasta el final.
2 vueltas sig: p de arroz hasta los últ 22p, girar, des1, p de arroz hasta el final.
2 vueltas sig: p de arroz hasta los últ 18p, girar, des1, p de arroz hasta el final.
2 vueltas sig: p de arroz hasta los últ 14p, girar, des1, p de arroz hasta el final.
2 vueltas sig: p de arroz hasta los últ 10p, girar, des1, p de arroz hasta el final.
2 vueltas sig: p de arroz hasta los últ 6p, girar, des1, p de arroz hasta el final.
Vuelta sig: p de arroz hasta los últ 6p, 3rj, 1d, 1r, 1d.
Vuelta sig: p de arroz hasta el final.
Vuelta sig: p de arroz hasta los últ 4p, 3rj, 1d.
Cerrar a p de arroz.

consejo
Cuente las vueltas para que los botones queden equidistantes.

Confección
Hacer las costuras raglán. Unir los finales de vuelta de las solapas y coser el borde de montaje al del cuello, embebiendo la pieza sin que se frunza. Hacer las costuras laterales y de las mangas. Coser los botones.

Prendas y complementos

Chaquetita de ballet

ESTA CHAQUETITA CRUZADA de estilo *cache-coeur*, con manga corta y atada con una cinta, hará que su pequeña se sienta toda una bailarina de ballet. Tejida con un suave hilo de mezcla de bambú, se puede lavar a máquina y es perfecta para llevar sobre un vestidito. Asegúrese de coser y anudar bien la cinta para evitar que se suelte y se enrede.

cómo se hace

Espalda
Montar 58p (o 64; 68; 74; 80) con las agujas de 3,25 mm.
Tejer 5 vueltas del d.
Cambiar a las agujas de 4 mm.
Com con una vuelta del d, tejer 26 vueltas (o 32; 36; 42; 46) a pjer.

Forma de las mangas
Montar 4p (o 5; 6; 7; 8) al com de las 2 vueltas sig. (66p, o 74; 80; 88; 96)
Tejer 4 vueltas.
Vuelta sig: 6d (o 7; 8; 9; 10), 1f, d hasta los últ 6p (o 7; 8 ;9; 10), 1f, 6d (o 7; 8; 9; 10).
Tejer 3 vueltas.
Vuelta sig: 7d (u 8; 9; 10; 11), 1f, d hasta los últ 7p (u 8; 9; 10; 11), 1f, 7d (u 8; 9; 10; 11).
Tejer 3 vueltas.
Vuelta sig: 8d (o 9; 10; 11; 12), 1f, d hasta los últ 8p (o 9; 10; 11; 12), 1f, 8d (o 9; 10; 11; 12).
Tejer 3 vueltas.
Vuelta sig: 9d (o 10; 11; 12; 13), 1f, d hasta los últ 9p (o 10; 11; 12; 13), 1f, 9d (o 10; 11; 12; 13).
Tejer 3 vueltas.
Vuelta sig: 10d (u 11; 12; 13; 14), 1f, d hasta los últ 10p (u 11; 12; 13; 14), 1f, 10d (u 11; 12; 13; 14).
Tejer 3 vueltas.
Vuelta sig: 11d (o 12; 13; 14; 15), 1f, d hasta los últ 11p (o 12; 13; 14; 15), 1f, 11d (o 12; 13; 14; 15).
Solo para las tallas 3, 4 y 5:
Tejer 3 vueltas.
Vuelta sig: d (14; 15; 16), 1f, d hasta los últ p (14; 15; 16), 1f, d (14; 15; 16).
Solo para la talla 5:
Tejer 3 vueltas.
Vuelta sig: 17d, 1f, d hasta los últ 17 p, 1f, 17d.

necesitará

talla
Para 3–6 meses
 (o 6–12; 12–18; 18–24; 24–36)
Medidas reales:
Contorno de pecho
 51 cm (o 56; 60; 65; 70)
Longitud hasta el hombro
 21 cm (o 24; 27; 30; 33)
Longitud de la manga
 3 cm (o 3; 4; 4; 5)

materiales
3 ovillos (o 3; 3; 4; 4) de 50 g de hilo de mezcla de bambú en color malva
1 par de agujas de tricotar de 3,25 mm
1 par de agujas de tricotar de 4 mm
1 m de cinta de raso
1 botón
Agujas de tricotar adicionales
Aguja auxiliar

tensión
22p y 28 vueltas en 10 cm a punto de jersey con agujas de 4 mm

abreviaturas especiales
hdel: pasar el hilo hacia delante
hdet: pasar el hilo hacia atrás
env1 (en vueltas del d): hdel, des1, hdet, pasar el p des a la aguja izda.
env1 (en vueltas del r): hdet, des1, hdel, pasar el p des a la aguja izda.

Prendas y complementos

Todas las tallas:
Tejer 3 vueltas (o 5; 5; 7; 7).
(78p, u 86; 94; 102; 112)

Forma superior del brazo
2 vueltas sig: d hasta los últ 4p (o 5; 5; 5; 6), env1, girar, r hasta los últ 4p (o 5; 5; 5; 6), env1, girar.
2 vueltas sig; d hasta los últ 9p (o 10; 10; 10; 12), env1, dar la vuelta a la labor, r hasta los últ 9p (o 10; 10; 10; 12) p, env1, girar.
2 vueltas sig; d hasta los últ 14p (o 15; 16; 17; 19), env1, girar, r, hasta los últ 14p (o 15; 16; 17; 19), env1, girar.

Forma de los hombros
2 vueltas sig; d hasta los últ 20p (o 22; 24; 26; 29), env1, girar, r hasta los últ 20p (o 22; 24; 26; 29), env1, girar.
2 vueltas sig; d hasta los últ 26p (o 29; 32; 35; 39), env1, girar.
Pasar 26p (o 29; 32; 35; 39) de cada extremo de aguja a sendas agujas adicionales, y los 26p (o 28; 30; 32; 34) centrales a una tercera aguja.

Delantero izquierdo
Montar 58p (o 64; 68; 74; 80) con las agujas de 3,25 mm.
Tejer 5 vueltas del d.
Cambiar a las agujas de 4 mm.
Tejer 10 (o 14; 16; 20; 22) vueltas a pjer, com con una vuelta del d.

Forma anterior del cuello
Vuelta 1: d hasta los últ 4p (o 5; 6; 7; 8), pasar estos p a una aguja auxiliar, girar.
Vuelta 2: r hasta el final.
Vuelta 3: d hasta los últ 3p, pasar estos p a la misma aguja auxiliar, girar.
Vuelta 4: r hasta el final.
Vuelta 5: d hasta los últ 2p, pasar estos p a la misma aguja auxiliar, girar.
Vuelta 6: r hasta el final.
Vuelta 7: d hasta los últ 3p, 2dj, 1d.
Vuelta 8: 1r, 2rj, r hasta el final.
En las vueltas sig, men como en las vueltas 7 y 8 hasta tener un total de 33p (o 36; 38; 41; 44) desde el borde del cuello (sin contar los de la aguja auxiliar).
Tejer 8 (o 10; 12; 14; 16) vueltas más.

Forma de la manga
Vuelta sig: montar 4p (o 5; 6; 7; 8) p, tejer hasta el final.
Tejer 5 vueltas.
Vuelta sig: 6d (o 7; 8; 9; 10), 1f, tejer hasta el final.
Tejer 3 vueltas.
Vuelta sig: 7d (8; 9; 10; 11), 1f, tejer hasta el final.
Tejer 3 vueltas.
Vuelta sig: 8d (o 9; 10; 11; 12), 1f, tejer hasta el final.
Tejer 3 vueltas.
Vuelta sig: 9d (o 10; 11; 12; 13), 1f, tejer hasta el final.
Tejer 3 vueltas.
Vuelta sig: 10d (o 11; 12; 13; 14), 1f, tejer hasta el final.
Tejer 3 vueltas.
Vuelta sig: 11d (o 12; 13; 14; 15), 1f, tejer hasta el final.
Solo para las tallas 3, 4 y 5:
Tejer 3 vueltas.
Vuelta sig: d (14; 15; 16), 1f, d hasta el final.

Las manguitas redondeadas tejidas al mismo tiempo que el cuerpo dan un toque elegante y suave.

Entreteja la cinta en el delantero y anúdela con una firme lazada. Use una cinta corta para evitar que se enrede.

Chaquetita de ballet

Solo para la talla 5:
Tejer 3 vueltas.
Vuelta sig: 17d, 1f, d hasta el final.
Todas las tallas:
Tejer 4 vueltas (o 6; 6; 8; 8).
(26p, o 29; 32; 35; 39)

Forma superior del brazo
Vuelta sig: r hasta los últ 4p (o 5; 5; 5; 6), env1, girar.
1 vuelta del d.
Vuelta sig: r hasta los últ 9p (o 10; 10; 10; 12), env1, girar.
1 vuelta del d.
Vuelta sig: r hasta los últ 14p (o 15; 16; 17; 19), env1, girar.
1 vuelta del d.

Forma del hombro
Vuelta sig: r hasta los últ 20p (o 22; 24; 26; 29), env1, girar.
1 vuelta del d.
Unir la parte superior de la manga y el hombro tejiendo juntos los p de delantero y espalda, y cerrándolos (p. 65, Cierre con tres agujas).

Delantero derecho
Montar 58p (o 64; 68; 74; 80) con las agujas de 3,25 mm.
Tejer 5 vueltas del d.
Con las agujas de 4 mm, 10 vueltas (o 14; 16; 20; 22) a pjer, com con una vuelta del d.

Forma anterior del cuello
Vuelta 1: 4d (o 5; 6; 7; 8), pasar estos p a una aguja auxiliar, d hasta el final.
Vuelta 2: r hasta el final.
Vuelta 3: 3d, pasar estos p a la misma aguja auxiliar, d hasta el final.
Vuelta 4: r hasta el final.
Vuelta 5: 2d, pasar estos p a la misma aguja auxiliar, d hasta el final.
Vuelta 6: r hasta el final.
Vuelta 7: 1d, des1+1d+mon, d hasta el final.
Vuelta 8: r hasta los últ 3 p, 2rj por det, 1r.

En las vueltas sig, men como en las vueltas 7 y 8 hasta tener un total de 33p (o 36; 38; 41; 44) desde el borde del cuello (sin contar los de la aguja auxiliar).
Tejer 9 (u 11; 13; 15; 17) vueltas más.

Forma de la manga
Vuelta sig: montar 4p (o 5; 6; 7; 8), tejer hasta el final.
Tejer 4 vueltas.
Vuelta sig: d hasta los últ 6p (o 7; 8; 9; 10), 1f, 6d (o 7; 8; 9; 10).
Tejer 3 vueltas.
Vuelta sig: d hasta los últ 7p (u 8; 9; 10; 11), 1f, 7d (u 8; 9; 10; 11).
Tejer 3 vueltas.
Vuelta sig: d hasta los últ 8p (o 9; 10; 11; 12), 1f, 8d (o 9; 10; 11; 12).
Tejer 3 vueltas.
Vuelta sig: d hasta los últ 9p (o 10; 11; 12; 13), 1f, 9d (o 10; 11; 12; 13).
Tejer 3 vueltas.
Vuelta sig: d hasta los últ 10p (u 11; 12; 13; 14), 1f, 10d (u 11; 12; 13; 14).
Tejer 3 vueltas.
Vuelta sig: d hasta los últ 11p (o 12; 13; 14; 15), 1f, 11d (o 12; 13; 14; 15).
Solo para las tallas 3, 4 y 5:
Tejer 3 vueltas.
Vuelta sig: d hasta los últ p (14; 15; 16), 1f, d (14; 15; 16).
Solo para la talla 5:
Tejer 3 vueltas.
Vuelta sig: d hasta los últ 17 p, 1f, 17d.
Todas las tallas:
Tejer 5 (o 7; 7; 9; 9) vueltas.
(26p, o 29; 32; 35; 39)

Forma superior del brazo
Vuelta sig: d hasta los últ 4p (o 5; 5; 5; 6), env1, girar.
1 vuelta del r.
Vuelta sig: d hasta los últ 9p (o 10; 10; 10; 12), env1, girar.
1 vuelta del r.
Vuelta sig: d hasta los últ 14p (o 15; 16; 17; 19), env1, girar.
1 vuelta del r.

Forma del hombro
Vuelta sig: d hasta los últ 20p (o 22; 24; 26; 29), env1, girar.
1 vuelta del r.
Unir la parte superior de la manga y los hombros cerrando con tres agujas.

Ribete del cuello
Con el D de frente y las agujas de 3,25 mm, des 9p (o 10; 11; 12; 13) desde la aguja auxiliar del delantero derecho a una aguja de tricotar, remontar y tejer 44d (o 47; 50; 53; 56) en el delantero derecho, 26d (o 28; 30; 32; 34) de la aguja auxiliar de la parte posterior del cuello, remontar y tejer 44d (o 47; 50; 53; 56) del delantero izquierdo, 5d (o 6; 7; 8; 9), 2dj, eh, 2d de la aguja auxiliar del delantero izquierdo. (132p, o 142; 152; 162; 172)
2 vueltas del d.
Cerrar.

Ribete de las mangas
Con el D de frente y las agujas de 3,25 mm, remontar y tejer 44d (o 50; 56; 62; 68) desde los extremos de las vueltas.
2 vueltas del d.
Cerrar.

Ribetes delanteros
Con el D de frente y las agujas de 3,25 mm, remontar y tejer 10d (o 13; 16; 19; 21) a lo largo del borde delantero.
2 vueltas del d.
Cerrar.

Confección
Hacer las costuras laterales y de las mangas. Coser la cinta a la costura izquierda, a la altura donde se une a la forma delantera del cuello, y pasar un extremo a través del delantero derecho para atarla. Coser el botón a la costura interior derecha a la altura del ojal.

Prendas y complementos

Jersey sin mangas

ESTA PRENDA A PUNTO DE JERSEY puede llevarse sin nada debajo, o sobre otra si hace fresco. Es ideal tanto para niño como para niña, según los colores que se elijan. El hilo es una suave mezcla de cachemira, lana de merino y seda de 4 cabos, y los bordes de canalé llevan un elegante ribete a juego con el color de las rayas.

necesitará

talla
Para 1 año (o 2; 3 años)

materiales
Hilo de mezcla de cachemira, lana de merino y seda de 4 cabos en ovillos de 50 g:
1 ovillo (o 1; 2) color vainilla (A)
1 ovillo (o 1; 2) azul noche (B)
1 ovillo (o 1; 1) azul celeste (C)
1 par de agujas de tricotar de 3,75 mm
1 par de agujas de tricotar de 4 mm
2 agujas auxiliares y agujas de tricotar adicionales
Aguja lanera

tensión
22p y 28 vueltas en 10 cm a punto de jersey con agujas de 4 mm

cómo se hace

Espalda
Montar 62p (o 66; 70) con las agujas de 3,75 mm y el hilo B.
Vuelta 1 (D): 2d, [2r, 2d] hasta el final.
Cambiar al hilo A.
Vuelta 2: 2r, [2d, 2r] hasta el final.
Estas 2 vueltas forman el ribete de canalé.
Tejer 4 vueltas más, aum 2p uniformemente en la última. (64p, o 68; 72)
Cambiar a las agujas de 4 mm. Tejer a rayas [2 vueltas con hilo B, 4 con hilo C, 2 con hilo B, 4 con hilo A] en toda la pieza.
Com con una vuelta del d, cont a pjer hasta que la espalda mida 15 cm (o 17; 19) desde el borde de montaje, acabando con una vuelta del r.

Forma de las sisas
Cerrar 6p al com de las 2 vueltas sig. (52p, o 56; 60)
Vuelta sig: 2d, des1+1d+mon, d hasta los últ 4p, 2dj, 2d.
Vuelta sig: r hasta el final.
Rep las últ 2 vueltas x 3 (o 4; 5). (44p, o 46; 48)**
Cont a pjer hasta que la espalda mida 26 cm (o 29; 32) desde el borde de montaje, acabando con una vuelta por el R.

Forma posterior del cuello
Vuelta sig: 2d (o 12; 13), girar y pasar los puntos rest a una aguja adicional.
Vuelta sig: r hasta el final.
Vuelta sig: d hasta los últ 3p, 2dj, 1d.
Vuelta sig: r hasta los 11p (u 11;12) finales.
Forma del hombro.
Cerrar.
Con el D de frente, pasar los 20p (o 22; 22) centrales a una aguja auxiliar, empalmar el hilo a los p rest, d hasta el final.
Vuelta sig: r hasta el final.
Vuelta sig: 1d, des1+1d+mon, d hasta el final.
Vuelta sig: r hasta los 11p (u 11; 12) finales.
Forma del hombro.
Cerrar.

Delantero
Tejer como la espalda hasta **.
Cont a pjer hasta que mida 20 cm (o 23; 26), acabando con 1 vuelta por el R.

Forma anterior del cuello
Vuelta sig: 16d (o 17; 18), girar y pasar los p rest a una aguja adicional.
Vuelta sig: r hasta el final.
Vuelta sig: d hasta los últ 3p, 2dj, 1d.
Vuelta sig: r hasta el final.
Rep las últ 2 vueltas x 4 (o 5; 5). (11p, u 11; 12)

Prendas y complementos

Tejer recto hasta que el delantero mida igual que la espalda hasta el hombro, acabando en el borde de la sisa.
Forma del hombro.
Cerrar.
Con el D de frente, pasar los 12 p centrales a una aguja auxiliar, empalmar el hilo a los p rest, d hasta el final.
Vuelta sig: r hasta el final.
Vuelta sig: 1d, des1+1d+mon, d hasta el final.
Rep las últ 2 vueltas x 4 (o 5; 5).
(11, u 11; 12)
Tejer recto hasta que el delantero mida lo mismo que la espalda hasta el hombro, terminando en el borde de la sisa.
Forma del hombro.
Cerrar.

Tira del cuello
Hacer la costura del hombro derecho.
Con las agujas de 3,75 mm y el hilo A, y con el D de frente, remontar y tejer 24d en el LI del delantero del cuello, 12 de la aguja auxiliar del delantero del cuello; 24 en el LD del delantero del cuello, 6 en el LD del trasero del cuello, 20 (o 22; 22) de la aguja auxiliar del trasero del cuello, aum 2p (o 4; 4) uniformemente a lo largo de los p del trasero del cuello. Remontar y tejer 6d en el LD posterior del cuello. (94p, o 98; 98)
Vuelta sig: 2r, [2d, 2r] hasta el final.
Esta vuelta crea el canalé.
Tejer 2 vueltas más.
Cambiar al hilo B.
Tejer 1 vuelta.
Cerrar en canalé.

Tiras de los hombros
Hacer la costura del hombro izquierdo y la tira del cuello.
Con las agujas de 3,75 mm y el hilo A, y con el D de frente, remontar y tejer 70d (o 74; 78).
Vuelta sig: 2r, [2d, 2r] hasta el final.

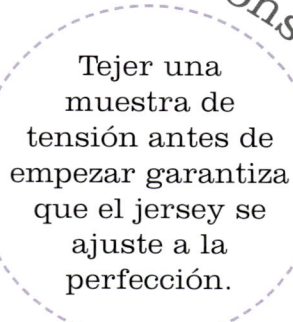

consejo
Tejer una muestra de tensión antes de empezar garantiza que el jersey se ajuste a la perfección.

Esta vuelta crea el canalé.
Tejer 2 vueltas más.
Cambiar al hilo B.
Tejer 1 vuelta.
Cerrar en canalé.

Confección
Hacer las costuras laterales y de la tira de los hombros (pp. 88 y 90).

Las costuras de los hombros se hacen antes del proceso de confección: la del hombro derecho antes de remontar los puntos para tejer la tira del cuello, y la del hombro izquierdo antes de remontar los puntos para tejer las tiras de los hombros.

Para que el cuello y las aberturas de los hombros den de sí, haga un canalé doble (2d, 2r). Así, la prenda será más fácil de poner y quitar.

Haga las costuras con el discreto punto de colchonero (p. 88). Procure que las rayas se correspondan el máximo posible para lograr un acabado pulido y profesional.

Este gorro se ajusta a la cabeza del bebé y mantiene la forma con un suave canalé ligero que se ciñe lo justo para retener el calor.

Gorro de recién nacido

ESTE GORRO SENCILLO Y DE HECHURA RÁPIDA está diseñado para acompañar la chaqueta de las pp. 10–13 y los patucos de las pp. 30–31. Su tamaño se ha calculado para un recién nacido, pero puede agrandarse usando un hilo más grueso con las agujas apropiadas. Por ejemplo, para un bebé de 3–6 meses se puede probar un hilo medio-fino distinto con agujas de 4 mm.

 ## necesitará

talla
Para recién nacido

materiales
1 ovillo de 50 g de lana fina de merino, microfibra y cachemira, en color rosa claro
1 par de agujas de tricotar de 3,25 mm
Aguja lanera

tensión
25p y 34 vueltas en 10 cm a punto de jersey con agujas de 3,25 mm

abreviaturas especiales
can: punto de canalé o elástico (p. 70)
2djcan: 2dj en canalé

 ## cómo se hace

Patrón
Montar 83p con el método de montaje en ochos (p. 11).
Vuelta 1 (D): *1d, 1r, rep desde * hasta el último p, 1d.
Vuelta 2: *1r, 1d, rep desde * hasta el último p, 1r.
Rep las 2 últimas vueltas.
Vuelta 5: [13can, 2djcan] × 5, can hasta el final. (78p)
Vuelta 6: r
Vuelta 7: d
Estas 2 vueltas forman el pjer.
Tejer a pjer 17 vueltas más.

Forma de la coronilla
Vuelta 1 (D): [6d, 2dj] × 9, d hasta el final. (69p)
Vuelta 2 y todas las pares sig: r.
Vuelta 3: d.
Vuelta 5: [5d, 2dj] × 9, d hasta el final. (60p)
Vuelta 7: [4d, 2dj] × 9, d hasta el final. (51p)
Vuelta 9: [3d, 2dj] × 10, d hasta el final. (41p)
Vuelta 11: [2d, 2dj] × 10, d hasta el final. (31p)
Vuelta 13: [1d, 2dj] × 10, d hasta el final. (21p)
Vuelta 15: [2dj] × 10, 1d. (11p)
Cortar el hilo dejando un cabo largo, pasar este dos veces a través de los p rest y usarlo para coser la costura trasera a punto de colchonero (p. 88). Estirar ligeramente al vapor.

Al tensar bien el cabo dos veces a través de los p en lo alto del gorro, se evitará la formación de huecos más adelante.

Prendas y complementos

Diadema con flor

ESTA DIADEMA ADORNADA CON UNA FLOR MANTENDRÁ el pelo alejado de los ojos de su niña, o será simplemente un bonito complemento. Es tan sencilla que podrá terminarla en unas horas. Si prefiere una diadema completamente lisa, adecuada para las más pequeñas, puede prescindir del botón del centro de la flor.

cómo se hace

Diadema
Montar 9p con el hilo A.
Vuelta 1: 2d (ehd, 2dj) × 3, 1d.
Vuelta 2: 2r, 5d, 2r.
2 vueltas del d.
Rep las 4 vueltas anteriores × 27 (o 29; 31).

Pétalos exteriores
Montar 10p con el hilo B.
Vuelta 1: [aum1] × 2.
Girar y tejer 4p sobre los anteriores.
9 vueltas a pjer, com con 1 vuelta del r.
Vuelta sig: 2dj, des2+dj. Remontar el 1.er p de la aguja sobre el 2.º p. (1p)
*Vuelta sig: 1d en el sig p, aum1.
Girar y tejer solo sobre los 4p de la aguja.
9 vueltas a pjer, com con 1 vuelta del r.
Vuelta sig: 2dj, des2+dj. Remontar el 1.er punto de la aguja sobre el 2.º p.**
(1p)
Rep de * a ** × 3.
Tejer 1d en el 1.er p montado para completar el últ pétalo. (2p)
Cerrar 1p. Cortar el hilo y tirar de él a través de los p rest.

Pétalos interiores
Montar 10p con el hilo B.
Vuelta 1: [aum1] × 2.
Girar y tejer 4p sobre los anteriores.
5 vueltas a pjer, com con 1 vuelta del r.
Vuelta sig: 2dj, des2+dj. Remontar el 1.er punto de la aguja sobre el 2.º p. (1p)
*Vuelta sig: 1d en el sig p montado, aum1.
Girar y tejer sobre los 4p de la aguja.
5 vueltas a pjer, com con 1 vuelta del r.
Vuelta sig: 2dj, des2+dj. Remontar el 1.er punto de la aguja sobre el 2.º p.** (1p)
Rep de * a ** × 3.
1d en el 1.er p montado para completar el últ pétalo. (2p)
Cerrar 1p. Cortar el hilo y tirar de él a través de los p rest.

Confección
Coser los dos extremos de la diadema a punto de colchonero (p. 88).

Unir tanto los pétalos interiores como los exteriores en círculo. Poner los primeros sobre los segundos de forma que cada pétalo interior quede entre dos exteriores. Fijar la flor en la diadema y coserle el botón en el centro con hilo de coser de color crema.

Practique
los aumentos y los menguados (pp. 73–81) tejiendo los pétalos ondulados de esta florecilla en dos capas.

necesitará

tamaño
Para 0–6 meses (o 9–12; 12–36)

materiales
Lana media-fina de merino, seda y cachemira, en ovillos de 50 g:
1 ovillo verde pistacho (A)
1 ovillo rosa pastel (B)
1 par de agujas de tricotar de 3,75 mm

Aguja lanera
Aguja de ojo grande
Hilo de coser crema
1 botón de nácar de 16 mm

tensión
23p y 40 vueltas en 10 cm a punto calado con agujas de 3,75 mm

consejo
Las costuras planas a la base hacen que los patucos sean más cómodos.

El ribete de canalé se teje en una pieza, luego plegada y cosida para crear un pasacintas. El cierre de los puntos forma un borde ondulado.

Patucos de recién nacido

ESTOS PATUQUITOS SE CURVAN suavemente siguiendo la forma del pie del bebé, dejando espacio para el empeine regordete. La curva se obtiene con aumentos y menguados. Se ha elegido un hilo fino suave, con agujas más finas de lo habitual, para lograr un tejido firme que mantenga los deditos calientes y protegidos.

necesitará

talla
Para recién nacido

materiales
1 ovillo de 50 g de hilo fino de lana de merino, microfibra y cachemira, en color rosa claro
1 par de agujas de tricotar de 3 mm
1 par de agujas de tricotar de 2,75 mm
70 cm de cinta de 3–7 mm de ancho, a tono
Aguja lanera

tensión
25p y 46 vueltas en 10 cm a punto bobo con agujas de 3 mm

cómo se hacen

Cada patuco
Montar 37p con las agujas de 3 mm.
Vuelta 1 (R): d.
Vuelta 2: aum en el sig p, 15d, aum en el sig p, 3d, aum en el sig p, 15d, aum en el últ p. (41p)
Vueltas 3, 5 y 7: d.
Vuelta 4: aum en el sig p, 17d, aum en el sig p, 3d, aum en el sig p, 17d, aum en el últ p. (45p)
Vuelta 6: aum en el sig p, 19d, aum en el sig p, 3d, aum en el sig p, 19d, aum en el últ p. (49p)
16 vueltas del d, acabando con una vuelta por el R.

Puntera
Vuelta 1 (D): 17d, des1+1d+mon, 11d, 2dj, 17d. (47p)
Vuelta 2: 17d, des1+1d+mon, 9d, 2dj, 17d. (45p)
Vuelta 3: 17d, des1+1d+mon, 7d, 2dj, 17d. (43p)
Vuelta 4: 17d, des1+1d+mon, 5d, 2dj, 17d. (41p)
Vuelta 5: 17d, des1+1d+mon, 3d, 2dj, 17d. (39p)
Vuelta 6: 17d, des1+1d+mon, 1d, 2dj, 17d. (37p)
Vuelta 7: 17d, 2dj, 17d. (35p)

Elástico del tobillo
Cambiar a las agujas de 2,75 mm y cont como sigue:
Vuelta sig (D): 1d, *1r, 1d, rep desde * hasta el final.
Vuelta sig: 1r, *1d, 1r, rep desde * hasta el final.
Rep las últ 2 vueltas × 2.
Vuelta del ojete: 1d, *eh, 2dj, rep desde * hasta el final.
Vuelta sig: 1r, *1d, 1r, rep desde * hasta el final.

Borde
Vuelta sig: (cierre) *2d, montar el 1.º sobre el 2.º para dejar 1p rest en la aguja dcha., pasar este p a la aguja izda., rep desde * hasta que quede 1p.

Confección
Rematar dejando un cabo largo y coser con este los finales de vuelta a punto de colchonero (p. 88) desde el borde de cierre. Doblar hacia fuera el ribete elástico y unirlo al patuco con una bastilla. Pasar la cinta por los ojetes y atarla con una lazada. Dar unas puntadas para fijarla al tejido y evitar que se desprenda.

necesitará

talla
Para 0–3 meses

materiales
Hilo de lana de merino, seda y cachemira medio-fino, en ovillos de 50 g:
1 ovillo marfil (A)
1 ovillo rosa pastel (B)

1 par de agujas de tricotar de 3,25 mm
Aguja auxiliar
Aguja lanera
2 botones-flor rosas de 1 cm

tensión
28p y 36 vueltas en 10 cm a punto de jersey con agujas de 3,25 mm

El botón con forma de flor es un bonito detalle que, a la vez, asegura la tira al tobillo del bebé para que el zapatito no se caiga.

Zapatitos de tira con botón

UNAS DELICADAS MERCEDITAS pueden ser un gran regalo, o un encantador complemento de la canastilla. Esta labor sirve para practicar los aumentos y menguados mientras se da forma a la puntera y la suela. Aquí se ha usado un hilo de lana de merino, seda y cachemira para lograr un tacto suave, pero un hilo de algodón iría igual de bien.

 ## cómo se hacen

Zapatito derecho
Montar 33p con hilo A.
Vuelta 1: d.
Vuelta 2: 1d, 1f, 15d, 1f, 1d, 1f, 15d, 1f, 1d. (37p)
Vuelta 3: d.
Vuelta 4: 2d, 1f, 15d, 1f, 3d, 1f, 15d, 1f, 2d. (41p)
Vuelta 5: d.
Vuelta 6: 3d, 1f, 15d, 1f, 5d, 1f, 15d, 1f, 3d. (45p)
Vuelta 7: d.
Vuelta 8: 4d, 1f, 15d, 1f, 7d, 1f, 15d, 1f, 4d. (49p)
Vueltas 9–14: cambiar al hilo B y tejer 6 vueltas a pjer.
Vueltas 15–28: cambiar al hilo A y tejer 14 vueltas a pb.
Cambiar al hilo B.
Vuelta 29: 16d, [des1+1d+mon] × 4, 1d, [2dj] × 4, 16d. (41p)
Vuelta 30: d.
Vuelta 31: 10d, cerrar 21p, 10d (incluido 1p después del cierre).
Pasar los primeros 10p a la aguja auxiliar.
Vueltas 32–34: d.
Vuelta 35: cerrar. Cortar la hebra.
Unir el hilo al principio del cierre de 21p. Montar 13p.
Vuelta 36: tejer del d en los p montados y en los 10p de la aguja auxiliar. (23p)
Vuelta 37 (vuelta del ojal): 18d, 2dj, eh, 1d (21p en la aguja), girar la labor.
Vuelta 38: 21d en la aguja.
Cerrar todos los p.

Zapatito izquierdo
Igual que el derecho hasta la vuelta 31.
Pasar los primeros 10p a la aguja auxiliar.
Vuelta 32: 10d en la aguja, girar la labor y montar 13p al final de la vuelta.
Vuelta 33: 23d.
Vuelta 34 (vuelta del ojal): 18d, eh, 2dj, 1d (21p en la aguja), girar la labor.
Vuelta 35: 21d en la aguja.
Cerrar todos los p de la aguja. Unir el hilo a los p de la aguja auxiliar.
Vueltas 36–38: 10d en la aguja.
Cerrar.

Confección
Con el R de frente e hilo B, coser las vueltas 9–14 en pjer, casando punto a punto. Esto formará una costura pulida en el D. Repetir en el otro zapatito. Coser la puntera y el talón con un color a juego. Coser los botones donde coincidan con los ojales de la tira.

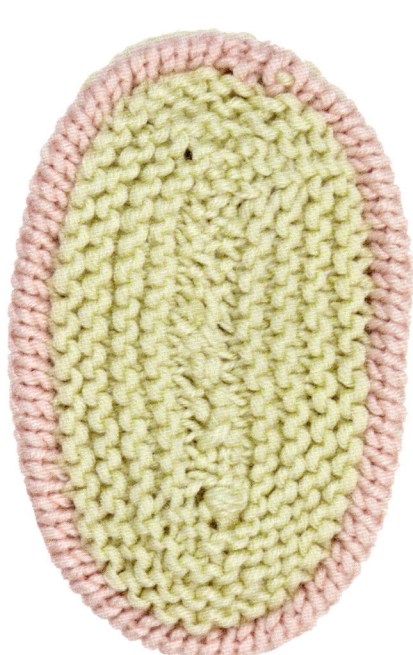

El ribete rosa, una vez cosido, formará un estupendo reborde para la suela. Para unir el centro de la suela use un punto de costura plano, como el de colchonero (p. 88), a fin de asegurar la máxima comodidad a los piececitos del bebé.

Prendas y complementos

Pelota-
sonajero

NO ES NECESARIO SABER tejer en redondo para hacer esta sencilla pelota a rayas: se teje con agujas rectas y luego se cose con una costura invisible. Las rayas de colores a contraste y el cascabel cosido en su interior despertarán el interés visual y sonoro de los bebés curiosos. Si se teje en blanco y negro, el contraste será aún mayor.

cómo se hace

Patrón
Montar 6p con el hilo A.
Vuelta 1: [aum1] × 6. (12p)
Tejer 2 vueltas del d.
Vuelta sig: [1d, 1f] hasta el últ p, 1d. (23p)
Vuelta sig: d.
Vuelta sig (D): 4d, [1f, 3d] × 5, 1f, 4d. (29p)
Vuelta sig: d.
Apartar el hilo A y empalmar el hilo B.
Tejer 2 vueltas del d.
Vuelta sig: 4d, [1f, 3d] × 7, 1f, 4d. (37p)
Tejer 3 vueltas del d.
Apartar el hilo B y usar el hilo A.
Tejer 2 vueltas del d.
Vuelta sig: [3d, 1f] × 11, 4d. (48p)
Tejer 3 vueltas del d.
Apartar el hilo A y usar el hilo B.
Tejer 2 vueltas del d.
Vuelta sig: [3d, 1f] × 15, 3d. (63p)
Tejer 3 vueltas del d.
Apartar el hilo B y usar el hilo A.
Tejer 2 vueltas del d.
Vuelta sig: 1d, [2dj, 3d] × 12, 2dj. (50p)
Tejer 3 vueltas del d.
Apartar el hilo A y usar el hilo B.
Tejer 2 vueltas del d.
Vuelta sig: [3d, 2dj] hasta el final. (40p)
Tejer 3 vueltas del d.
Cortar el hilo B y cont con el A hasta acabar la pieza.
Tejer 2 vueltas del d.
Vuelta sig: [2d, 2dj] hasta el final. (30p)
Vuelta sig: d.
Vuelta sig: [2dj] hasta el final. (15p)
Vuelta sig: d.
Vuelta sig: [2dj] × 3, des1+2dj+mon, [2dj] × 3. (7p)
Cortar el hilo, pasarlo por los p rest y rematar.

Confección
Preparar el cascabel envolviéndolo en una capa de relleno de unos 2 cm de grosor y enrollando un hilo alrededor del «paquete» para fijarlo al centro. Así se evita que se desplace hacia el borde del relleno una vez dentro de la pelota.

Hacer la costura lateral de la pelota a punto de colchonero (p. 88), dejando un espacio de unos 3 cm para introducir el relleno. Rellenar la pelota bien prieta, con el cascabel envuelto en el centro. Cerrar la abertura a punto de colchonero. Rematar y cortar los cabos sueltos.

Envuelva el cascabel en una capa de relleno y átelo con un hilo. Así no se moverá.

Compruebe que las rayas queden alineadas a medida que va haciendo la costura invisible (p. 88).

necesitará

medidas
9,5 cm de diámetro aproximadamente

materiales
Hilo fino mezcla de cachemira y lana de merino en ovillos de 50 g:
1 ovillo azul claro (A)
1 ovillo color vainilla (B)
1 par de agujas de tricotar de 3,25 mm
Cascabel de plástico específico para juguetes (disponible en tiendas de manualidades)
Relleno para juguetes
Aguja de ojo grande

tensión
No es relevante para esta labor

Prendas y complementos

Sol de día, sol de noche

ESTE SOL CON DOS CARAS le ayudará a enseñar a su bebé la diferencia entre estar despierto y dormido. La cara diurna, de colores vivos, tiene los ojos abiertos, mientras que la nocturna, más oscura, duerme. Los ovillos indicados permiten tejer varios soles, por lo que puede combinar los colores y las caras como más le guste.

necesitará

medidas
20 cm de diámetro aproximadamente

materiales
Hilo fino de algodón para tricotar en ovillos de 50 g:
 1 ovillo rosa (A)
 1 ovillo verde lima (B)
 1 ovillo amarillo (C)
 1 ovillo azul (D)
 1 ovillo color crema (E)
Hilos rosa oscuro, blanco y azul para los bordados
Relleno para juguetes
1 par de agujas de tricotar de 3,25 mm
Aguja lanera

tensión
No es determinante, pero haga el punto prieto, con el objetivo de que el relleno no se entrevea.

cómo se hace

Rostro central
Tejer uno con hilo A y otro con hilo B.
Montar 10p con el hilo A (o B).
Tejer 2 vueltas a pb.
Aum1 en cada extremo de la sig vuelta y de las vueltas sig alt, hasta tener 24p.
Tejer 20 vueltas a pb sobre estos puntos.
Luego, men1 en cada extremo de la sig vuelta y de las vueltas sig alt hasta que queden 10p.
Tejer 2 vueltas del d y cerrar.

Rayos de sol
Tejer 8 con hilo C, y 8 con hilo D.
Montar 8p con el hilo C (o D).
Tejer 2 vueltas a pb.
Aum1 en cada extremo de la sig vuelta y de las vueltas sig alt hasta tener 14p.

Borde expresiones faciales
distintas a cado lado del juguete. Si desea colgarlo, como en la fotografía de la p. siguiente, cósale con firmeza una cinta. Asegúrese de que esta no sea demasiado larga, para evitar que se enrede y pueda hacer daño al bebé.

Tejer recto a pb durante 10 vueltas. Luego, men1 en cada extremo de la sig vuelta y de las vueltas sig alt, hasta que queden 2p, 2dj y cerrar.

Trenzas
Tejer 2 tiras con hilo E y 1 tira de cada uno de los hilos A, B, C y D.

Empleando dos hebras del hilo correspondiente, tejer con los dedos una cadeneta de 76 eslabones (abajo). Cerrar.

Tejer con los dedos: comenzar haciendo un nudo corredizo al principio del hilo. Tirar de la lazada para ampliarla lo suficiente para poder pasar el pulgar y el índice. Pinzar el hilo entre el índice y el pulgar, y pasar otra lazada a través de la primera. Tirar de esta segunda lazada hasta que la primera quede bien firme y definida, y forme una cadeneta. Seguir pasando lazadas del mismo modo, tirando después de cada una para que la cadeneta quede prieta, hasta alcanzar la longitud necesaria. Para terminar, cortar el hilo y tirar de él a través de la última lazada.

Confección

Los rayos se cosen a pares, un lado en hilo C y el otro en D. Coser los lados y dejar abierta la base. Rellenar ligeramente y cerrar la costura inferior.

Disponer los rayos, con el lado en hilo C de frente, alrededor del centro tejido con hilo B, con el R hacia arriba. Prenderlos con alfileres en la posición indicada y coserlos con firmeza. Colocar la pieza central tejida con hilo A sobre los rayos, con el D hacia arriba, y coserla de manera que la base de los rayos quede entre las dos piezas centrales. Antes de cerrar la costura, rellenar ligeramente para que quede acolchada.

Hacer dos trenzas con las cadenetas tejidas a mano: una con las de hilo A, C y E; y otra con las de hilo B, D y E. Rematar y formar un aro con cada una, entretejiendo los extremos para que quede pulido. Colocar cada aro sobre la pieza central correspondiente y coser alrededor de los bordes.

Bordar una carita sonriente en un lado, y una dormida en el otro, con las fotografías como modelo.

Como en todos los juguetes, es necesario coser todas las piezas con firmeza para evitar que se desprendan cuando el niño las manipule. Supervise siempre el juego de sus hijos.

necesitará

medidas
35 cm de longitud aproximadamente

materiales
Hilo grueso mezcla de lana de merino y cachemira en ovillos de 100 g:
2 ovillos beis (A)
1 ovillo azul añil (B)
Hilo fino de lana marrón claro (para la nariz) y blanco y negro (para los ojos)
1 par de agujas de tricotar de 5 mm
1 aguja adicional de 5 mm
1 par de agujas de tricotar de 2,75 mm
Hilo de coser color avena
Aguja lanera
Relleno para juguetes

tensión
A la hora de rellenar las piezas, es preferible que el tejido quede prieto.

abreviatura especial
FC (fruncir y cerrar): enhebrar el hilo en una aguja de coser, pasarlo por los puntos restantes en la aguja de tricotar, fruncirlos y cerrar con fuerza.

Osito clásico

ESTE OSITO TAN RÁPIDO DE HACER será un compañerito eterno y muy querido. Asegúrese de rellenarlo con firmeza, para que quede redondeado y mullido. Hemos escogido una mezcla de lana natural de merino y cachemira, pero podría sustituirse por un hilo grueso de cualquier otra fibra. Si lo desea, cambie el color del oso o de su chaleco.

cómo se hace

Cabeza
Montar 10p con las agujas de 5 mm y el hilo A.
Vuelta 1: d. (10p)
Vuelta 2: [1ddel+1ddet] × 10. (20p)
Vueltas 3–4: d.
Vuelta 5: [1ddel+1ddet, 1d] × 10. (30p)
Vueltas 6–7: d.
Vuelta 8: [1ddel+1ddet, 2d] × 10. (40p)
Vueltas 9–10: d.
Vuelta 11: [1ddel+1ddet, 3d] × 10. (50p)
Tejer 10 vueltas del d.
Vuelta sig: [2dj, 3d] × 10. (40p)
Tejer 2 vueltas del d.
Vuelta sig: [2dj, 2d] × 10. (30p)
Tejer 2 vueltas del d.
Vuelta sig: [2dj, 1d] × 10. (20p)
Cont para el hocico:
1 vuelta del r.
1 vuelta del d.
1 vuelta del r.
Vuelta sig: [2dj] × 2, 12d, [des1+1d+mon] × 2. (16p)
1 vuelta del r.
Vuelta sig: [2dj] × 2, 8d, [des1+1d+mon] × 2. (12p)
1 vuelta del r.
Cerrar para la punta del hocico.

Confección
Fruncir el borde de montaje detrás de la cabeza y cerrarlo con fuerza. Coser desde la punta del hocico hasta la parte posterior de la cabeza, dejando un espacio abajo. Rellenar la cabeza y el hocico y coser para cerrar el espacio.

Orejas (tejer 2)
Montar 6p con las agujas de 5 mm y el hilo A.
Vuelta 1: [1ddel+1ddet] × 6. (12p)
Tejer 5 vueltas del d.
Vuelta sig: [1ddel+1ddet, 2d] × 4. (16p)
1 vuelta del d.
Vuelta sig: [2dj, 2d] × 4. (12p)
Tejer 5 vueltas del d.
Vuelta sig: [2dj] × 6. (6p)
FC con fuerza.

Confección
Fruncir el borde de montaje y doblar la pieza para unirlo con el borde de cierre. Coserlos embebiendo para curvar la oreja.

Cuerpo
Montar 25p para la base con las agujas de 5 mm y el hilo A.
Vuelta 1: d. (25p)
Vuelta 2: [1ddel+1ddet] × 25. (50p)
Tejer del d hasta que la pieza mida 8 cm desde la base.
Vuelta sig: [2dj, 3d] × 10. (40p)
Tejer 8 vueltas del d.
Vuelta sig: [2dj, 2d] × 10. (30p)
Tejer del d hasta que la pieza mida 16 cm desde la base.
Vuelta sig: 6d, [2dj] × 2, 10d, [2dj] × 2, 6d. (26p)
Tejer 1 vuelta del d.
Cerrar para el borde del cuello.

Confección
Coser la parte posterior hasta la base. Centrar la costura en la mitad de la espalda y coser la base de lado a lado. Rellenar bien y dejar abierto el borde del cuello.

Brazos (tejer 2)
Montar 4p con las agujas de 5 mm y el hilo A.
Vuelta 1: d. (4p)
Vuelta 2: 1ddel+1ddet, d hasta el últ p, 1ddel+1ddet. (6p)
Rep vueltas 1 y 2 hasta que queden 18p en la aguja.
Vuelta sig: d. (18p) Esto es la axila.
Vuelta sig: 2dj, 14d, 2dj. (16p)
Tejer 29 vueltas del d.
Vuelta sig: [2dj] × 8. (8p)
FC con fuerza para la mano.

Confección
Coser de la mano a la axila, dejando abierto el extremo superior. Rellenar.

Piernas (tejer 2)
Montar 20p con las agujas de 5 mm y el hilo A.
Tejer 2 vueltas del d.
Vuelta sig: [1ddel+1ddet] x 2, 6d, [1ddel+1ddet] x 4, 6d, [1ddel+1ddet] x 2. (28p)
Tejer 1 vuelta del d.
Vuelta sig: [1d, 1ddel+1ddet] x 2, 6d, [1d, 1ddel+1ddet] x 4, 6d, [1ddel+1ddet, 1d] x 2. (36p)
Tejer 10 vueltas del d.
Vuelta sig: 6d, [2dj] x 12, 6d. (24p)
Tejer 1 vuelta del d.
Vuelta sig: 6d, [2dj] x 6, 6d. (18p)
Tejer 12 vueltas del d.
Cerrar para la parte superior de la pierna.

Confección
Coser desde la parte superior hasta la planta del pie, dejando la parte superior abierta. Rellenar los pies, pero no las piernas, para que cuelguen.

Chaleco
Montar 64p con las agujas de 5 mm y el hilo B.
Tejer 15 vueltas del d.
En la vuelta sig se hará la división para las mangas y habrá que usar la aguja adicional: 13d, 2dj. (14p)
Girar y tejer solo sobre estos 14p con la aguja adicional.
2dj, 12d. (13p)
Vuelta sig: 11d, 2dj. (12p)
Tejer 2 vueltas del d.
Men para el borde delantero:
10d, 2dj. (11p)
Tejer 2 vueltas del d.
Vuelta sig: 2dj, 9d. (10p)
Tejer 2 vueltas del d.
Vuelta sig: 8d, 2dj. (9p)

Tejer 2 vueltas del d.
Vuelta sig: 2dj, 7d. (8p)
Tejer 2 vueltas del d.
Vuelta sig: 6d, 2dj. (7p)
Tejer 2 vueltas del d.
Vuelta sig: 2dj, 5d. (6p)
Tejer 4 vueltas del d y cerrar los p para la costura del hombro.
Empalmar el hilo a los p rest.
2dj, 30 d, 2dj. (32p)
Girar y tejer solo sobre estos p con la aguja adicional.
Vuelta sig: 2dj, 28d, 2dj. (30p)
Vuelta sig: 2dj, 26d, 2dj. (28p)
Vuelta sig: 2dj, 24d, 2dj. (26p)
Vuelta sig: 2dj, 22d, 2dj. (24p)
Tejer 14 vueltas del d.
Vuelta sig: 5d, 2dj, 10d, 2dj, 5d. (22p)
Tejer 2 vueltas del d.
Vuelta sig: 4d, 2dj, 10d, 2dj, 4d. (20p)
Tejer 2 vueltas del d.
Cerrar los p para la costura del hombro.
Empalmar el hilo a los p rest.
2dj, 13d. (14p)
Vuelta sig: 12d, 2dj. (13p)
Vuelta sig: 2dj, 11d. (12p)
Tejer 2 vueltas del d.
Men para el borde delantero:
10d, 2dj. (11p)
Tejer 2 vueltas del d.
Vuelta sig: 9d, 2dj. (10p)
Tejer 2 vueltas del d.
Vuelta sig: 2dj, 8d. (9p)
Tejer 2 vueltas del d.
Vuelta sig: 7d, 2dj. (8p)
Tejer 2 vueltas del d.
Vuelta sig: 2dj, 6d. (7p)
Tejer 2 vueltas del d.
Vuelta sig: 5d, 2dj. (6p)
Tejer 4 vueltas del d y cerrar los p para la costura del hombro.

Confección
Coser por el hombro las dos secciones delanteras a la espalda y rematar los cabos sueltos (p. 90).

Nariz
Montar 7p con la aguja de 2,75 mm y el hilo marrón claro.
Vuelta 1: 2dj, 3d, des1+1d+mon. (5p)
Tejer 1 vuelta del r.
Vuelta sig: 2dj, 1d, des1+1d+mon. (3p)
Tejer 1 vuelta del r.
Vuelta sig: 2dj, 1d. (2p)
Vuelta sig: 2rj. (1p)
Cerrar.

Confección
Coser las orejas curvadas en la cabeza. Colocar la nariz de manera que cubra la costura del hocico y coserla con precisión alrededor del borde. Hacer los ojos en la 2.ª vuelta sobre el hocico formando pequeños círculos a cadeneta, en espiral hacia el centro, con hilo negro. Añadir el brillo dando una puntada de hilo blanco.

Colocar la cabeza sobre el cuerpo y coserla alrededor del borde del cuello. Coser los brazos a los lados, a la altura de los hombros. Coser las piernas a la base del cuerpo, de modo que cubran la costura.

Coloque la nariz de manera que cubra la punta de la costura del hocico y cósala con cuidado con hilo de coser.

Cosa las orejas a la cabeza y asegúrese de que queden simétricas. Utilice como modelo la fotografía grande (p. 38).

Cosa los brazos a los lados en la parte superior del cuerpo. Cósalos con firmeza, para que no se caigan.

Esmérese con las costuras de la planta del pie para que queden planas y sean casi invisibles.

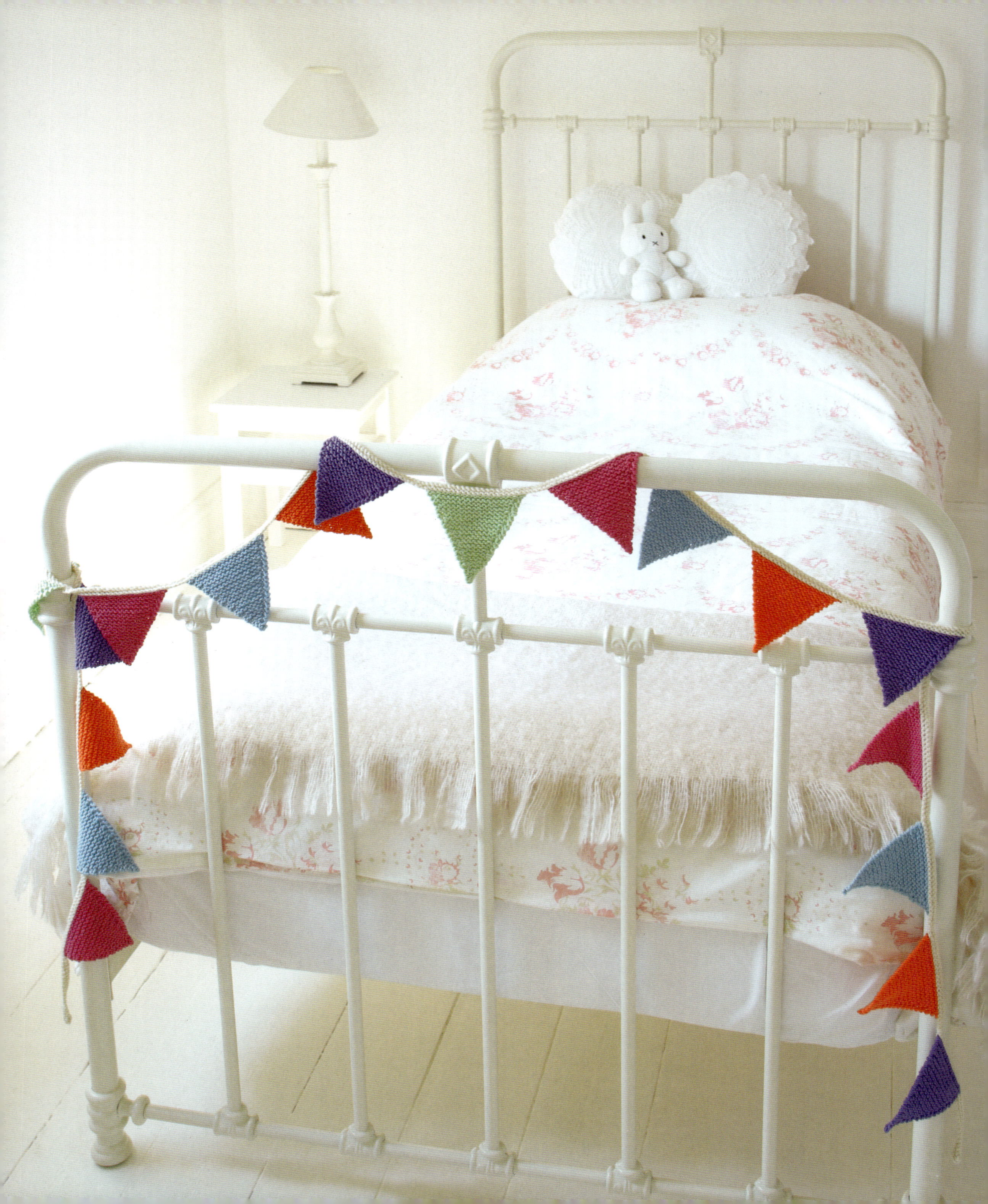

Guirnalda de banderitas

ESTA GUIRNALDA DE BANDERITAS TEJIDAS A PUNTO BOBO alegrará cualquier habitación. Elija colores que combinen con la decoración. Puede usar tantos como prefiera, pero acuérdese de modificar el número de ovillos. Fije con solidez la guirnalda fuera del alcance de los niños para que no puedan tirar de ella, porque podría ser peligroso.

necesitará

medidas
2,4 m de longitud aproximadamente

materiales
Hilo fino-medio de algodón ecológico en ovillos de 50 g:
1 ovillo blanco (A)
1 ovillo rosa chicle (B)
1 ovillo azul celeste (C)
1 ovillo naranja (D)
1 ovillo violeta (E)
1 ovillo verde manzana (F)
1 par de agujas de tricotar de 4 mm
Aguja lanera

tensión
22p y 30 vueltas en 10 cm a punto bobo con agujas de 4 mm

cómo se hace

Cinta de la guirnalda
Montar 512p con el hilo A. Cerrarlos tejiendo del derecho 2p juntos por detrás de la lazada. Cortar el hilo y entretejer los cabos para que quede un remate pulido (Rematar los cabos; p. 90).

Banderitas
Para la primera banderita, contar 20p desde el extremo de la cinta y, a continuación, remontar 22p (pp. 86–87).
Empalmar el hilo B.
Tejer 1 vuelta del d.
A continuación, comenzar el patrón:
Vuelta 1: des1, 2dj, d hasta los últ 3p, 2dj, 1d.
Vueltas 2–4: des1, d hasta el final.
Rep las vueltas 1–4 hasta que queden 6p después de la vuelta 4.
Vuelta sig: des1, [2dj] × 2, 1d. (4p)
Vuelta sig: des1, d hasta el final.
Vuelta sig: des1, d hasta el final.
Vuelta sig: des1, d hasta el final.
Vuelta sig: des1, 2dj, 1d. (3p)
Vuelta sig: des1, 2dj. (2p)
Vuelta sig: 2dj. (1p)
Cerrar.

Confección
Cortar el hilo dejando el suficiente para anudarlo con fuerza y enhebrarlo en la aguja. Entretejerlo a lo largo del borde del D de la banderita. Rematar el cabo suelto del montaje inicial.

Dejar un espacio de 3p en la cinta y remontar los 22p sig. Repetir las instrucciones anteriores para esta nueva banderita y todas las siguientes. En este modelo se ha seguido esta secuencia cromática: B, C, D, E y F.

Remonte los puntos del mismo lado de la cinta para todas las banderitas, a fin de que todo el D sea igual.

necesitará

medidas
62 × 87 cm

materiales
7 ovillos de 50 g de hilo fino-medio mezcla de lana de merino y cachemira, en color verde lima
1 par de agujas de tricotar de 4 mm
1 aguja lanera

tensión
22p y 30 vueltas en 10 cm, sobre el motivo, con agujas de 4 mm

Manta a punto de rombos

RESULTA UNA LABOR IDEAL para mejorar la técnica de tejer a punto del derecho y del revés. Esto es todo lo que se precisa para crear el atractivo dibujo de rombos, sin necesidad de seguir patrones complejos. El ribete a punto de arroz reversible impide que los bordes terminen enrollándose.

cómo se hace

Ribete inferior
Montar 137p.
Vuelta 1: [1d, 1r] hasta el últ p, 1d.
Esta vuelta forma el p de arroz.
Rep esta vuelta × 5.

Comienzo del dibujo
Vuelta 1 (D): [1d, 1r] × 2, 4d, *1r, 7d, rep desde * hasta los últ 9p, 1r, 4d, [1r, 1d] × 2.
Vueltas 2 y 8: [1d, 1r] × 2, 3r, *1d, 1r, 1d, 5r, rep desde * hasta los últ 10p, 1d, 1r, 1d, 3r, [1r, 1d] × 2.
Vueltas 3 y 7: [1d, 1r] × 2, 2d, *1r, 3d, rep desde * hasta los últ 7p, 1r, 2d, [1r, 1d] × 2.
Vueltas 4 y 6: [1d, 1r] × 2, 1r, *1d, 5r, 1d, 1r, rep desde * hasta los últ 4p, [1r, 1d] × 2.
Vuelta 5: [1d, 1r] × 2, *1r, 7d, rep desde * hasta los últ 5p, 1r, [1r, 1d] × 2.
Rep las vueltas 1–8 hasta que la pieza mida 84 cm desde el borde de montaje, acabando con la vuelta 8.

Ribete superior
Vuelta 1: [1d, 1r] hasta el últ p, 1d.
Esta vuelta forma el p de arroz.
Rep esta vuelta × 5.
Cerrar los puntos como se presentan.
Rematar los extremos en el R y estirar siguiendo las instrucciones de la etiqueta del ovillo.

Esta sutil textura del derecho y del revés es muy interesante. Los colores muy oscuros camuflarán el detalle, por lo que es preferible elegir un color claro que realce el trabajo.

La ventaja de un patrón a base de puntos del derecho y del revés es que el revés de la labor queda como un negativo del derecho. La pieza es reversible, lo que es ideal para mantas.

El ribete a punto de arroz ayuda a que la manta quede plana y le añade un marco delicado. Es tan atractivo como fácil de hacer.

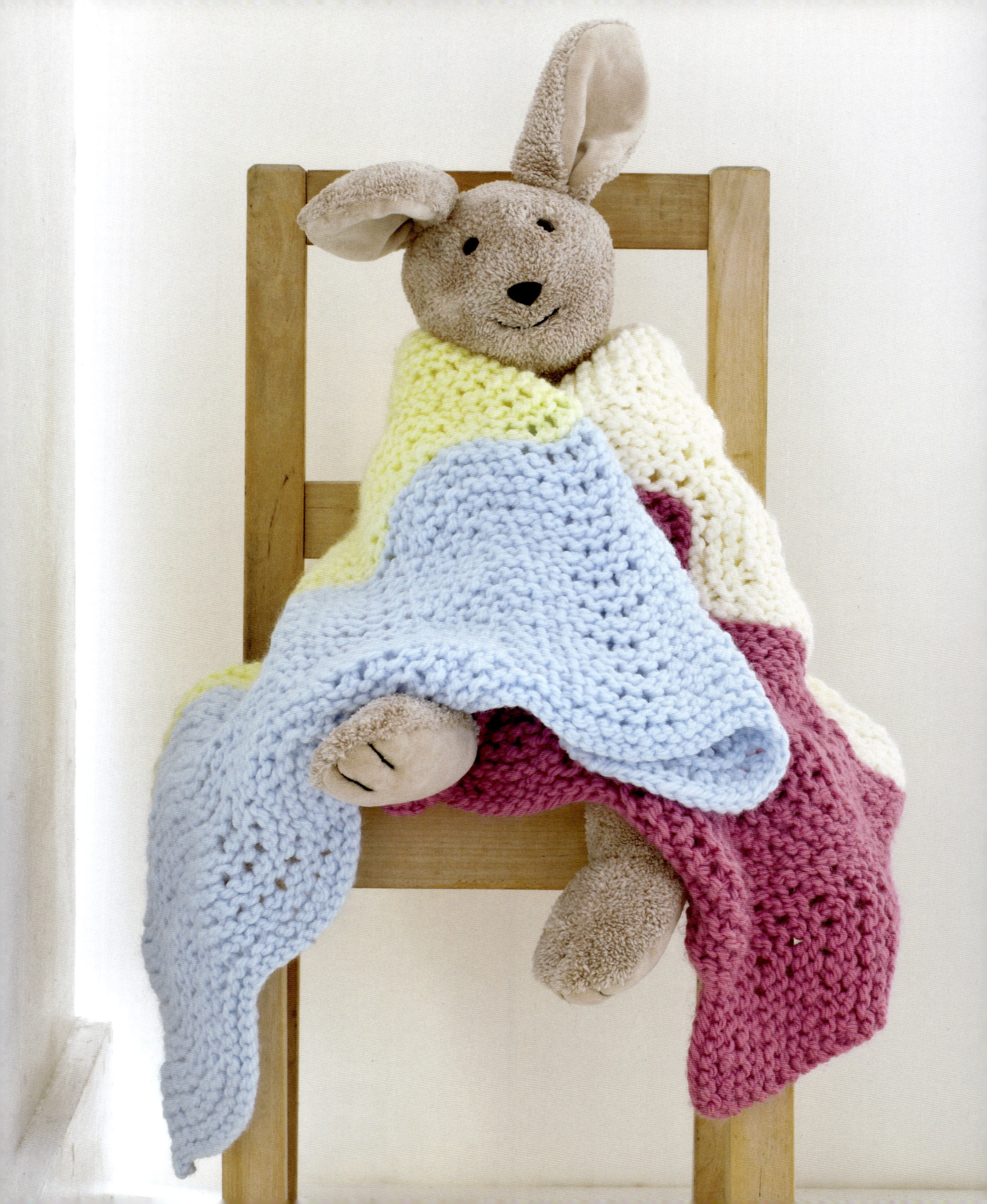

Manta cuatricolor

ARREBUJADO EN ESTA MARAVILLOSA MANTA de colores deliciosos y tacto suave, el bebé estará calentito y a gusto incluso en los días más fríos. Se teje con agujas gruesas y con un patrón repetido cada cuatro vueltas. Es ideal para principiantes que deseen experimentar con combinaciones de puntos que incluyen aumentos y menguados.

necesitará

medidas
60 cm de ancho × 80 cm de largo

materiales
Hilo grueso de fibras sintéticas en ovillos de 100 g:
2 ovillos color frambuesa (A)
2 ovillos color crema (B)
2 ovillos amarillo limón (C)
2 ovillos azul celeste (D)
1 par de agujas de tricotar de 5,5 mm

tensión
No es determinante para esta labor

cómo se hace

Montar 92p con el hilo A.
Tejer 3 vueltas a pb.

Comienzo del patrón
Vuelta 1 (D): 1d, [2dj] × 3, [eh, 1d] × 6, *[des1+1d+mon] × 3, [2dj] × 3, [eh, 1d] × 6, rep desde * hasta los últ 7p, [des1+1d+mon] × 3, 1d.
Vueltas 2–4: d.
Las últ 4 vueltas conforman el patrón y se repiten a lo largo de toda la pieza.

Cont con el hilo A hasta que la pieza mida unos 20 cm, acabando en la vuelta 2 del patrón.

Cambiar al hilo B y continuar durante 20 cm más, acabando de nuevo en la vuelta 2 del patrón.

Continuar del mismo modo con el hilo C y el hilo D.

Esta manta es de rayas anchas de cuatro colores, pero si lo prefiere, puede hacerla únicamente con uno o dos. Acuérdese de modificar en consecuencia la cantidad de ovillos.

Prendas y complementos

consejo

Consulte las pp. 73–81 para más información sobre aumentos y menguados.

Una vez completada la cuarta raya, tejer 3 vueltas más a pb con el hilo D y cerrar.

Con una aguja de ojo grande, rematar los posibles cabos sueltos a lo largo de los bordes laterales de la manta, entretejiéndolos en la labor (Rematar los cabos, p. 90).

Para esta manta se ha usado un hilo de mezcla de fibras sintéticas, pero si lo prefiere natural, puede sustituirlo por cualquier lana gruesa sin que el resultado se vea alterado, dado que la tensión no es importante para esta labor.

Los aumentos y menguados crean un perfil ondulado muy pulido. Cambie de colores con mayor frecuencia si desea que su manta tenga más rayas.

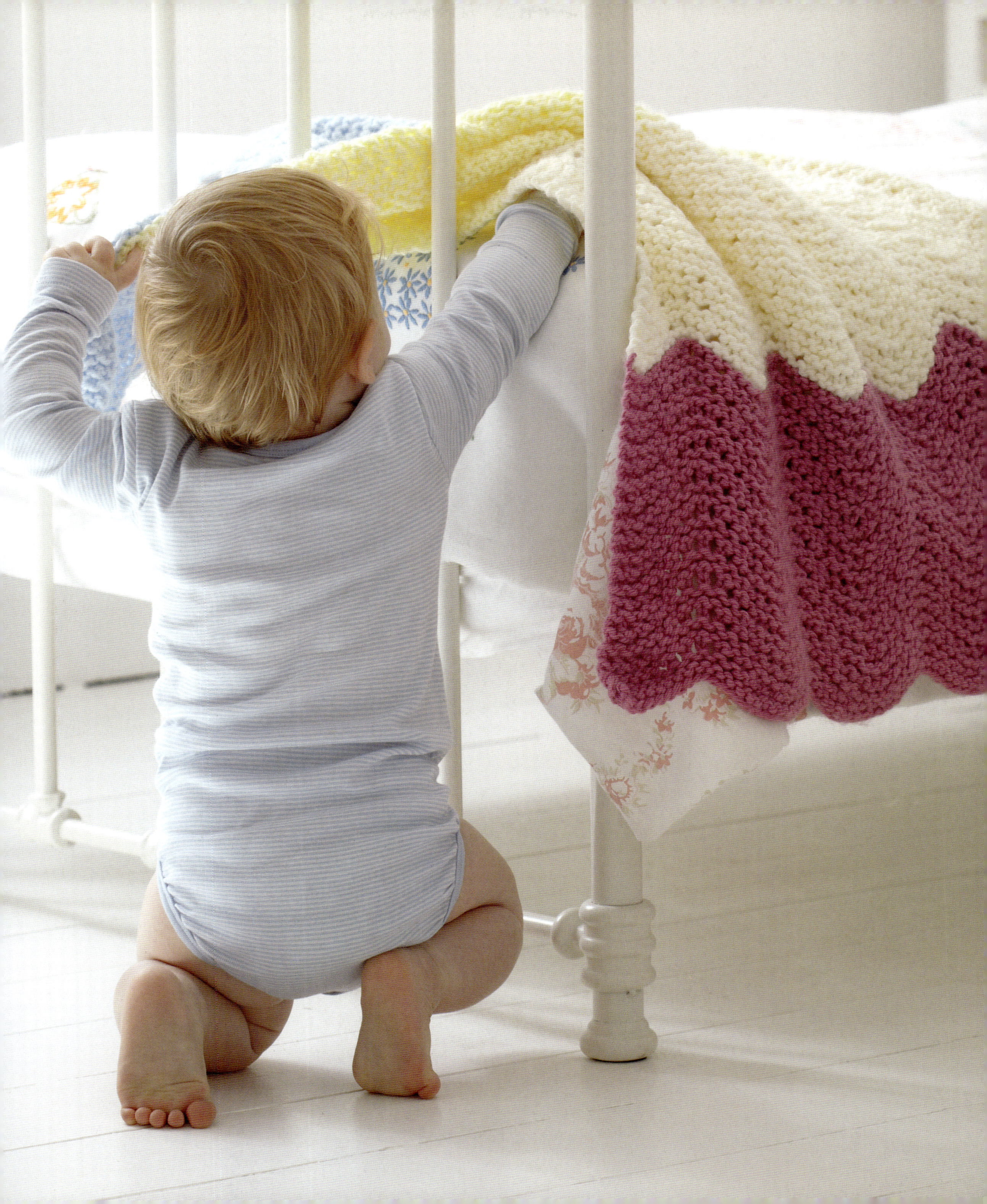

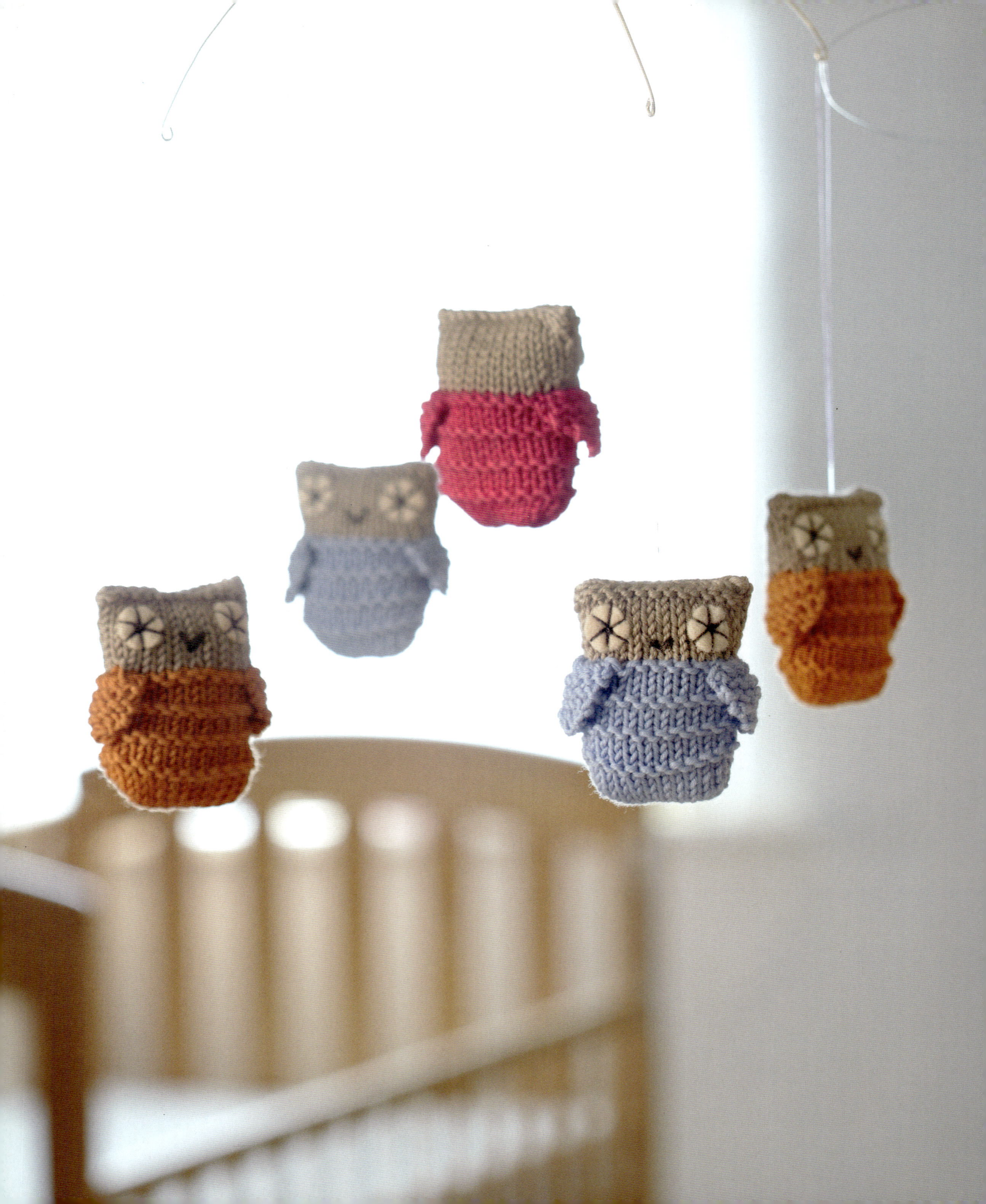

Móvil de búhos

CUELGUE ESTOS BUHITOS sobre el cambiador para mantener entretenido al bebé: sin duda, sus colores vivos y enormes ojazos atraerán su atención. Jamás cuelgue móviles al alcance del bebé. Los móviles no son juguetes, y cuando un bebé o un niño pequeño tenga uno cerca, hay que vigilarlo constantemente para evitar accidentes.

necesitará

medidas
Unos 7 cm de altura cada búho

materiales
Hilo fino-medio mezcla de cachemira, lana de merino y seda en ovillos de 50 g:
1 ovillo gris (A)
1 ovillo naranja (B)
1 ovillo azul celeste (C)
1 ovillo rosa fucsia (D)
1 par de agujas de tricotar de 3,25 mm
Relleno para juguetes
Discos de fieltro color crema de 10 × 1,5 mm
Hilo de bordar gris oscuro
2 alambres plateados de calibre 14 y 32 cm de longitud
3,5 m de hilo para collares de 3 mm
Aguja lanera
Alicate de joyero de pata redonda

tensión
No es relevante para esta labor

cómo se hace

Tejer dos cuerpos con hilo B, dos con hilo C y uno con hilo D. Todas las cabezas se tejen con hilo A.

Cuerpo y cabeza (tejer 2)
Montar 14p con el hilo B (o C; D).
Tejer 4 vueltas a pjer, com con una vuelta del d.
Tejer 2 vueltas del d.
Rep las últ 4 vueltas × 2.
Cortar el hilo B (o C; D) y empalmar el hilo A.
Tejer 2 vueltas a pjer, com con una vuelta del d.
Vuelta sig: 2d, 1f, 10d, 1f, 2d. (16p)
Tejer 6 vueltas a pjer, com con una vuelta del r.
Vuelta sig: d.
Cerrar.

Alas (tejer 2)
Montar 8p con el hilo B (o C; D).
Tejer 4 vueltas del d.
Vuelta sig: 2dj, 4d, des2+dj. (6p)
Vuelta sig: d.
Vuelta sig: 2dj, 2d, des2+dj. (4p)
Vuelta sig: d.
Vuelta sig: [2dj] × 2.
Vuelta sig: 2dj.
Cortar el hilo y pasarlo por el p rest.

Prendas y complementos

Confección
Cerrar los lados y la base con una costura invisible (p. 88). Rellenar ligeramente el búho y sobrehilar la costura en la parte superior de la cabeza. Sobrehilar las alas en la parte superior del cuerpo: deberían colgar en torno a los costados.

Fijar los ojos dando seis puntadas rectas con tres cabos de hilo de bordar gris oscuro. Cada puntada debería ir desde la pupila hasta justo por encima del borde del iris. Hacer un nudo francés en el centro de cada ojo a modo de pupila.

Dar dos puntadas rectas con los seis cabos del hilo de bordar para formar el pico y luego reforzarlas con otras dos puntadas por encima.

Estirar los dos alambres y, con el alicate de joyero, hacer un pequeño anillo en sus dos extremos, pero sin acabar de cerrarlo.

Cortar cuatro hebras de 60 cm de largo de hilo para collares. Doblarlas y atravesar con ellas de arriba abajo los dos búhos con el cuerpo de hilo B y los dos con el cuerpo de hilo C, de modo que quede una lazada de unos 14 cm de largo sobre cada uno de ellos. Afianzar y cortar el hilo en la base de todos los búhos.

Colgar los búhos en los extremos de los alambres y cerrar los anillos. Los dos búhos de hilo B deberían estar en el mismo alambre y los dos de hilo C en el otro.

Doblar el hilo para collares que queda (1,1 m) y atravesar con la hebra doble el búho con el cuerpo de hilo D, de abajo arriba. Hacer un nudo sobre la cabeza del búho y otro unos 15 cm más arriba. Usar el resto del hilo para unir y fijar los alambres por el centro y para crear una anilla de la que colgar el móvil.

Los móviles deben colgarse fuera del alcance de bebés y niños pequeños. Hay que vigilar al bebé o al niño siempre que esté cerca de un móvil. No deben colgarse móviles sobre la cuna. Comprobar que el móvil está bien sujeto y que no se caerá ni el bebé podrá tirar de él.

consejo

Puede coser y confeccionar un solo búho y usarlo como juguetito.

Móvil de búhos

Cruce los dos alambres y átelos en cruz, equilibrados, con el hilo para collares.

El cuerpo del búho se teje con un patrón de cuatro vueltas a punto de jersey y dos vueltas del derecho para darle una textura que evoca el plumaje. La cabeza se teje a punto de jersey.

Los ojos se hacen con un disco de fieltro cosido con seis puntadas largas y rectas, y un nudo francés en el centro.

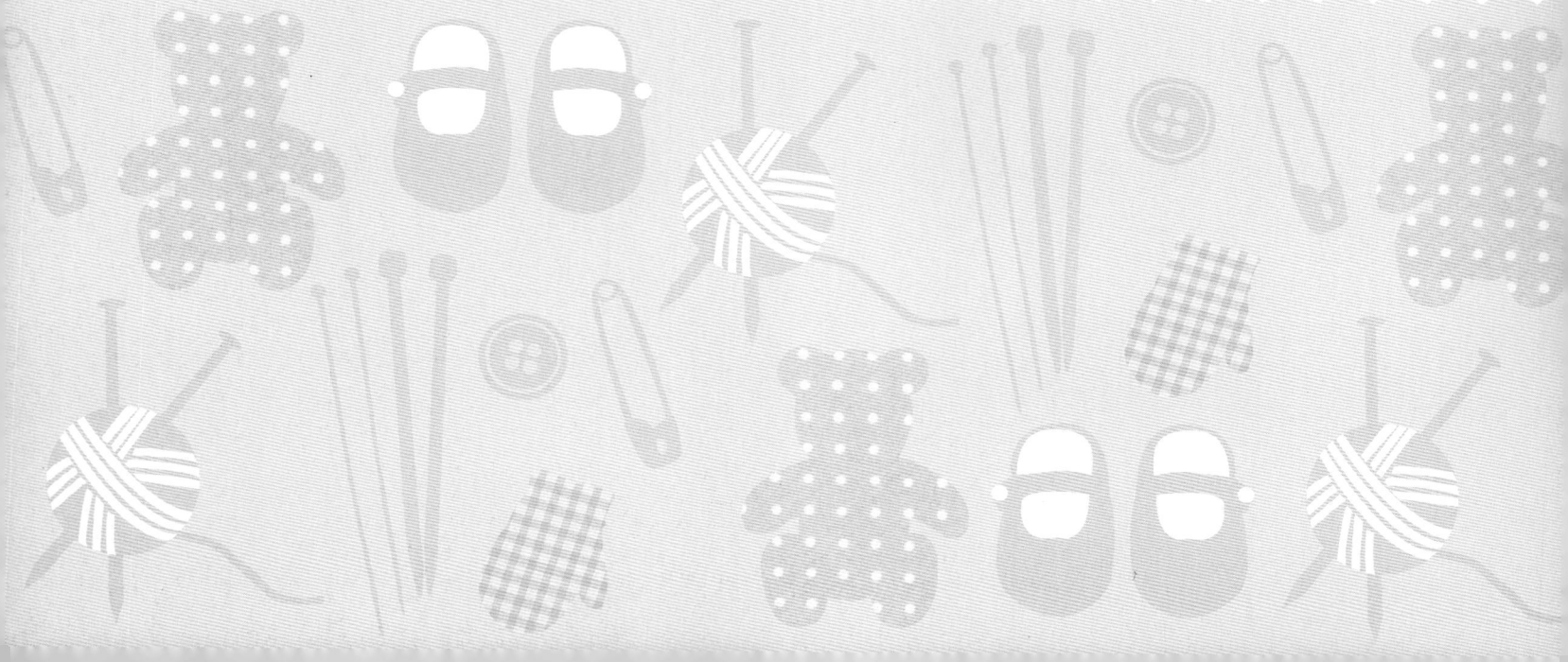

Útiles y técnicas

Útiles y técnicas

Lanas

En su forma más simple, el hilo de lana está hecho de fibras cardadas e hiladas juntas para darles más resistencia y durabilidad. Sin embargo, hoy existen muchas mezclas de fibras, con texturas y efectos diversos, que ofrecen una amplia gama de posibilidades creativas para tricotar a mano.

Pesos de las lanas

Las lanas se fabrican en diversos pesos y grosores, que determinan el aspecto del tejido y el número de puntos necesarios para tejer una muestra de tensión cuadrada de 10 cm de lado. En esta tabla se muestran las más adecuadas para cada labor, sus nombres y símbolos, así como el tamaño de agujas según distintos sistemas.

Tabla de pesos de las lanas

¿Qué desea tejer?	Grosor de la lana	Símbolo	Agujas recomendadas		
			UE	RU	EE UU
Encaje	Encaje, de 2 cabos, extrafina	0 Encaje	2 mm / 2,5 mm	14 / 13	0 / 1
Calcetines finos, chales, ropa de bebé	Superfina, de 3 cabos	1 Superfina	2,75 mm / 3 mm / 3,25 mm	12 / 11 / 10	2 / / 3
Jerséis finos, ropa de bebé, calcetines, complementos	Fina, de 4 cabos	2 Fina	3,5 mm / 3,75 mm / 4 mm	/ 9 / 8	4 / 5 / 6
Jerséis, bufandas ligeras, juguetes	Media-fina (DK), estambre ligero de 5–6 cabos	3 Ligera	4,5 mm	7	7
Jerséis, prendas de punto de ochos masculinas, mantas, gorros, bufandas, guantes	Media, afgana, de Aran, estambre de 12 cabos	4 Media	5 mm / 5,5 mm	6 / 5	8 / 9
Alfombras, chaquetas, mantas, gorros, calentadores, complementos de invierno	Gruesa, de 14 cabos	5 Gruesa	6 mm / 6,5 mm / 7 mm / 8 mm	4 / 3 / 2 / 0	10 / 10½ / / 11
Mantas y bufandas gruesas, alfombras	Supergruesa, de 16 cabos o más	6 Supergruesa	9 mm / 10 mm	00 / 000	13 / 15

Etiquetas de la lana

Todo lo que necesita saber sobre una lana está en su etiqueta, representado por símbolos. Conserve las etiquetas, ya que son vitales para identificar la lana si se le termina y necesita más. Para evitar ligeras diferencias de tono en la labor terminada, la nueva lana deberá tener el mismo número de lote o tintada que la original.

Símbolos

Los fabricantes de lanas emplean un sistema de símbolos para informar sobre detalles importantes, como las agujas adecuadas, la tensión requerida o los cuidados que precisan.

Peso y grosor de la lana	**Agujas recomendadas** (4,5 mm (RU/EE UU 7))	**Tensión en una muestra cuadrada de 10 cm de lado** (22 puntos, 28 vueltas)	**Peso del ovillo y longitud aproximada del hilo** (50g, 115 m)	
Número de color/tono (Color 520)	**Número de lote o tintada** (Lote 313)	**Contenido de fibra** (100% lana)	**Lavar a máquina/ temperatura máxima** (30C)	**Lavar a máquina/ciclo de prendas delicadas** (30C)
No usar lejía	**Limpiar en seco con cualquier disolvente** (A)	**Limpiar en seco con ciertos disolventes** (P)	**Lavar a mano en frío/ temperatura máxima** (30C)	**Lavar a mano en caliente** (40C)
No admite limpieza en seco	**No admite secadora**	**No planchar**	**Planchar a baja temperatura**	**Planchar a temperatura media**

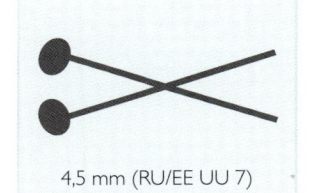

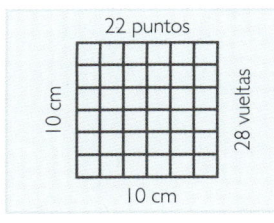

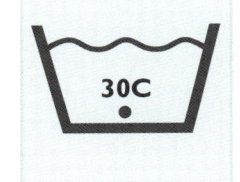

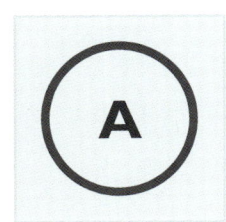

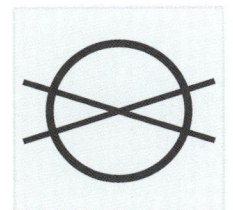

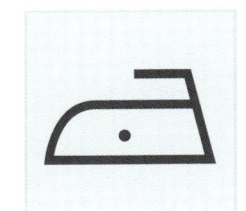

Lanas

Útiles y técnicas

Agujas de tricotar

Existen agujas de hacer punto de diversos tipos y materiales, cada uno de los cuales presenta ventajas para una técnica en particular o a la hora de tejer con determinadas fibras. Descubra en estas páginas cómo elegir las agujas más adecuadas para la labor que tiene en mente.

Agujas rectas

Estas agujas proporcionan mucho apoyo a la mano mientras se teje. Son las ideales para iniciarse en el punto. Para labores pequeñas son recomendables las cortas; las largas son idóneas para labores de mayor tamaño, como una manta de bebé, y para quienes prefieren trabajar con las agujas por debajo de los brazos.

Agujas de metal
Son ideales para tejer con fibras de pelo largo, que podrían enredarse, pues el metal es resbaladizo. También le ayudarán si tiende a hacer el punto demasiado apretado, porque, al resbalar, hacen que la tensión se afloje. Las de más de 8 mm pueden resultar incómodas, por lo que son más difíciles de encontrar.

Agujas de bambú
El bambú es un material ligero y flexible, excelente para agujas de tricotar. Ayuda a mantener regular el espaciado de los puntos y a crear un tejido uniforme con buena tensión. Las agujas de bambú son óptimas para trabajar con fibras resbaladizas, como seda, algodón mercerizado o hilo de bambú, y para personas con artritis. Las más finas se irán combando y ajustando a la curva de la mano con el uso.

Agujas de plástico
Ofrecen una superficie a medio camino entre las de metal y las de bambú. El plástico mantiene una temperatura constante mientras se teje, lo que puede convenir a las personas que padecen artritis. Para labores pesadas, evite las de 4 mm o menos, ya que pueden curvarse o romperse.

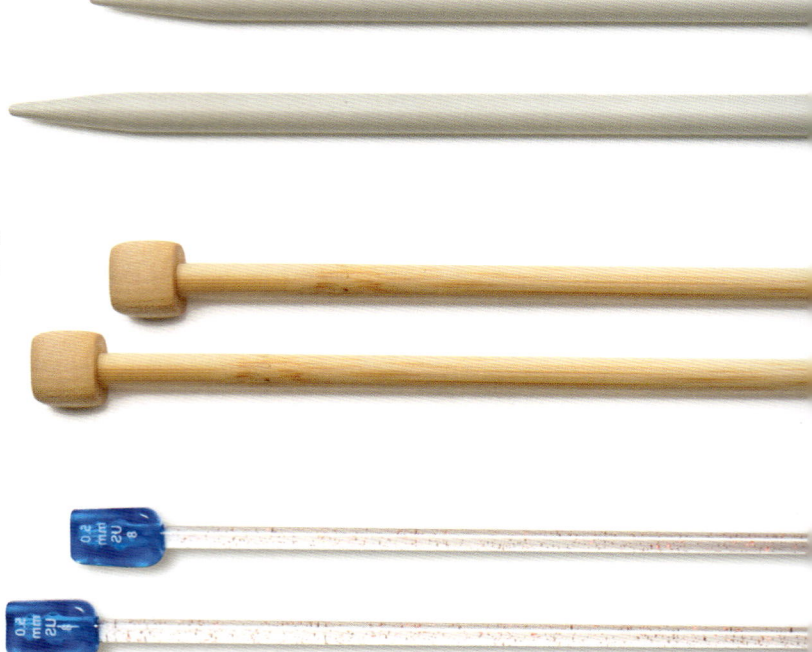

Agujas circulares

Se componen de dos agujas rectas unidas por un tubo flexible y las hay de distintos grosores y longitudes. Elija las de la longitud más adecuada para su labor: debería ajustarse al diámetro previsto de la pieza tejida en redondo. Un gorro, por ejemplo, requerirá una aguja circular más corta que un jersey tejido de esta manera. Los patrones suelen especificar el tamaño necesario para cada labor.

Agujas de doble punta

Son la opción recomendada para tejer calcetines, guantes y piezas tubulares estrechas. Al ser cortas, no son adecuadas para trabajar con un gran número de puntos. Al principio, puede notar que se le forman «carreras» en cada esquina entre las agujas, pero este problema desaparece con la práctica.

Tabla de conversión

Esta tabla muestra las equivalencias entre los tres sistemas de medida. En muchos casos únicamente son aproximadas.

UE (métrico)	RU (antiguo)	EE UU
1,5 mm		000 00
2 mm	14	0
2,25 mm 2,5 mm	13	1
2,75 mm	12	2
3 mm	11	
3,25 mm	10	3
3,5 mm		4
3,75 mm	9	5
4 mm	8	6
4,5 mm	7	7
5 mm	6	8
5,5 mm	5	9
6 mm	4	10
6,5 mm	3	10½
7 mm	2	
7,5 mm	1	
8 mm	0	11
9 mm	00	13
10 mm	000	15
12 mm		17
15 mm		19
20 mm		35
25 mm		50

Tamaño de agujas

El diámetro de las agujas de tricotar va desde 1,5 hasta más de 25 mm. Existen tres sistemas de medida: el europeo (métrico), el británico antiguo y el estadounidense (ambos numerados). La tabla de la derecha muestra las equivalencias entre estos sistemas. Además, existen diferentes longitudes para distintas labores.

Útiles y técnicas

Cómo interpretar patrones

Los patrones de punto son instrucciones escritas o gráficos que indican cómo trabajar con los colores y las texturas. A primera vista pueden parecer complejos, pero si se avanza paso a paso, son fáciles de entender. La información siguiente puede ayudarle si se atasca.

Comprender las instrucciones escritas

Cualquiera que sepa montar puntos, tejer del derecho y del revés, y cerrar, será capaz de tricotar a partir de un patrón con una simple combinación de puntos del derecho y del revés. Solo hay que seguir las instrucciones y acostumbrarse a las abreviaturas. El recuadro de abajo recoge las abreviaturas más frecuentes utilizadas en este libro, pero todo lo que necesita saber para los tejidos simples del derecho y del revés es que «1d» significa «tejer un punto del derecho», «2d» indica «tejer dos puntos del derecho», etc. Lo mismo vale para los puntos del revés: «1r» es tejer uno del revés, «2r» equivale a tejer dos del revés, y así sucesivamente.

Para empezar un patrón, monte los puntos que se indican con el hilo y las agujas recomendados. Siga el patrón vuelta a vuelta, y este irá apareciendo bajo sus agujas.

He aquí los mejores consejos para principiantes: siga las vueltas despacio, marque el derecho de la labor con un hilo de distinto color, use un contador de vueltas para saber por dónde va, y si se hace un lío, deshaga los puntos y empiece de nuevo.

Abreviaturas más comunes

Estas son las abreviaturas más frecuentes en los patrones de este libro. Cualquier abreviatura especial para una labor concreta se explica siempre en el propio patrón.

1ddet	1p del derecho por detrás	**des1+2dj+mon**	deslizar 1p, tejer 2p del derecho juntos y montar el p deslizado (p. 81)	**LD**	lado derecho de la labor
1ddel+1ddet (o aum1)	1p del derecho por delante y otro por detrás en el mismo punto (p. 73)			**LI**	lado izquierdo de la labor
		des2+1d+mon2	deslizar 2p, tejer 1p del derecho, y montar los 2p deslizados (p. 81)	**m**	metro(s)
1f (o aum1)	tejer en 1p falso (p. 74)			**men**	menguar/menguado(s)
1rdel+1rdet (o aum1)	1p del revés por delante y otro por detrás en el mismo punto (p. 73)	**des2+dj**	deslizar 2p y tejerlos juntos del derecho (p. 80)	**mm**	milímetro(s)
		des2+rj	deslizar 2p y tejerlos juntos del revés (p. 80)	**mon**	montar (pasar por encima) un p deslizado
2dj (o men1)	tejer 2p del derecho juntos (p. 78)	**det**	detrás	**p**	punto(s)
2rj (o men1)	tejer 2p del revés juntos (p. 79)	**eh**	aum echando el hilo (p. 76)	**pat**	patrón
alt	alternar	**ehcom**	aum echando el hilo al comienzo de vuelta (p. 77)	**pb**	punto bobo
aum	aumentar/aumento(s)			**pjer**	punto de jersey
cm	centímetro(s)	**ehd**	aum echando el hilo entre p del derecho (p. 76)	**R**	revés de la labor
com	comenzar/comienzo			**r**	punto del revés
cont	continuar	**ehdr/ehrd**	aum echando el hilo entre p del derecho y del revés (p. 77)	**rep**	repetir
D	derecho de la labor			**rest**	restante(s)/resto
d	punto del derecho			**sig**	siguiente(s)/siguiendo
des	deslizar/punto(s) deslizado(s)	**ehr**	aum echando el hilo entre p del revés (p. 76)	**últ**	último(s)/a(s)
		g	gramo(s)	**[ ]***	repetir tantas veces como se indique las instrucciones entre corchetes; después de un asterisco, o entre dos asteriscos
des1+1d+mon	deslizar 1p, tejer 1p del derecho y montar el p deslizado (p. 79)	**hdel**	con el hilo por delante/ pasar el hilo hacia delante		
				( )	al final de una vuelta, el número total de puntos figura entre paréntesis

Cómo interpretar patrones

Comprender los símbolos y gráficos

Además de escritas en forma de abreviaturas como «1r» o «2dj», las acciones que hay que realizar en una labor de punto pueden representarse simbólicamente.

Los símbolos del punto, que suelen mostrarse en gráficos, son útiles en especial para comprender puntos complejos como el de ochos.

Símbolos del punto

Estos son algunos de los símbolos más comunes. Los menos habituales se explican en el patrón; siga siempre las explicaciones de este, ya que los símbolos pueden variar.

- ☐ = d en vueltas por el D, r en vueltas por el R
- ▪ = r en vueltas por el D, d en vueltas por el R
- ⊙ = aum echando el hilo (p. 76)
- ⁄ = 2dj (p. 78)
- ⊠ = des2+dj (p. 80)
- ⬟ = des1+2dj+mor (p. 81)
- ⬣ = des2+1d+mon2 (p. 81)

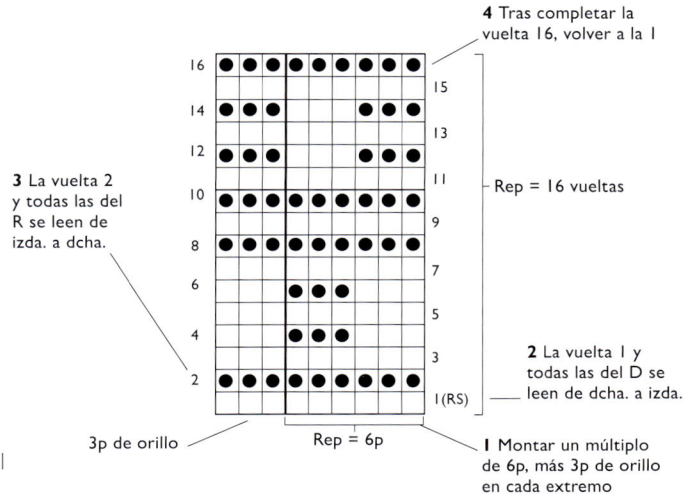

Gráficos

Algunas personas prefieren las instrucciones en forma de gráfico porque son fáciles de leer y conforman una representación visual de la repetición de puntos fácil de memorizar.

Sin embargo, incluso en las instrucciones gráficas es normal encontrar indicaciones escritas, por ejemplo, sobre el número de puntos que se deben montar. Si no aparece, puede calcular dicho número a partir del gráfico, donde el número de puntos de «repetición» queda claramente señalado. Monte un múltiplo de ese número, más cualquier cantidad de puntos de orillo que queden fuera de la repetición.

Cada cuadrado representa un punto, y cada línea horizontal, una vuelta. Tras el montaje, trabaje desde la base del gráfico hacia arriba. Cuente las vueltas impares (normalmente por el R) de derecha a izquierda, y las pares (normalmente por el D) de izquierda a derecha. Teja los puntos del borde y después los del interior de la repetición tantas veces como se indique. Algunos símbolos pueden tener un significado en una vuelta por el D y otro distinto por el R (arriba).

Una vez completadas todas las vueltas del gráfico, empiece de nuevo desde abajo para la «repetición de vuelta».

4 Tras completar la vuelta 16, volver a la 1

3 La vuelta 2 y todas las del R se leen de izda. a dcha.

Rep = 16 vueltas

2 La vuelta 1 y todas las del D se leen de dcha. a izda.

1 Montar un múltiplo de 6p, más 3p de orillo en cada extremo

3p de orillo — Rep = 6p

Medir la tensión

Haga siempre una muestra de tensión antes de empezar su labor para asegurarse de que obtendrá el tamaño de punto (tensión) recomendado en el patrón.

La prenda o el complemento acabados solo tendrán las medidas correctas si ha logrado dar la tensión adecuada al tejido.

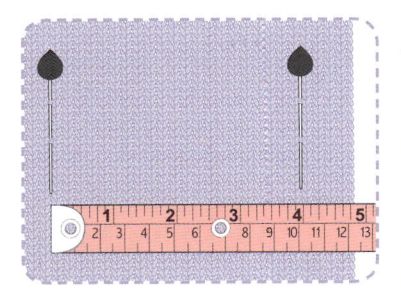

1 Teja una muestra cuadrada de unos 13 cm de lado con las agujas especificadas. Marque 10 cm en el centro con alfileres y cuente el número de puntos que hay entre ellos.

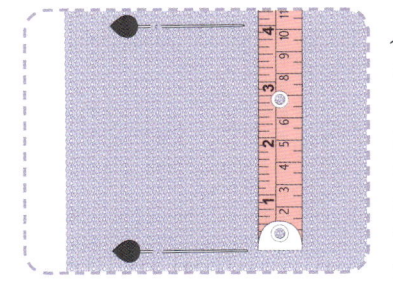

2 Cuente igualmente el número de vueltas en 10 cm. Si tiene menos puntos y vueltas de los que debería, haga otra muestra con agujas más finas; si tiene más, use agujas más gruesas.

Útiles y técnicas

Técnicas clave

Aprender a hacer punto es un proceso rápido. Son pocas las técnicas que hay que dominar antes de poder tejer prendas sencillas como una mantita de bebé. Las básicas son: montar y cerrar los puntos, tejer del derecho y del revés, y corregir algunos fallos simples.

Montaje cruzado al derecho

Es el ideal para principiantes porque se basa en el punto del derecho. Mantenga todos los puntos en la aguja izquierda y teja del derecho hasta el último.

Procure trabajar con poca tensión, o los puntos quedarán demasiado apretados y resultará difícil formar el siguiente.

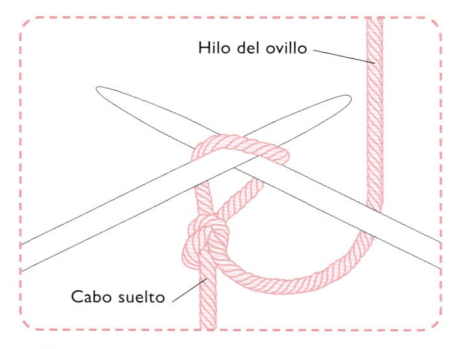

Hilo del ovillo
Cabo suelto

1 Haga un nudo corredizo y páselo por una aguja. Sujetando el hilo con una mano, y la aguja con el nudo en la mano izquierda, inserte de izquierda a derecha la punta de la otra aguja por el centro de la lazada.

2 Con el hilo por detrás de las agujas, pase la hebra de abajo arriba sobre la aguja derecha. (Mientras monta los puntos, use el dedo índice o el medio para sujetar las lazadas en la aguja izquierda.)

3 Con la punta de la aguja derecha, pase con cuidado la hebra a través de la lazada de la izquierda. (Así es como se teje un punto del derecho, de ahí el nombre del montaje.)

4 Pase la lazada de la aguja derecha a la izquierda insertando la punta de esta última, de derecha a izquierda, por delante de la lazada.

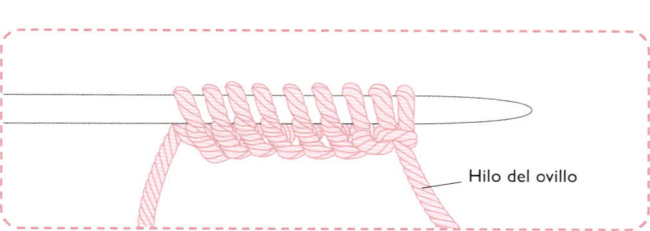

5 Tire de los dos extremos del hilo para tensar la nueva lazada (el punto montado), deslizándola junto al nudo corredizo.

6 Siga montando puntos así hasta tener el número requerido. Si desea lograr un montaje más flojo, trabaje sujetando dos agujas juntas en la mano izquierda.

Hilo del ovillo

Montaje doble con una aguja

En esta técnica se usan dos hebras, pero solo una aguja; los puntos resultantes son fuertes, elásticos y versátiles. Suele ir seguido de una vuelta por el revés de la labor (R), a menos que el revés del punto sea el derecho (D). Se empieza haciendo un nudo corredizo con un cabo suelto al menos el triple de largo que la anchura del tejido planeado.

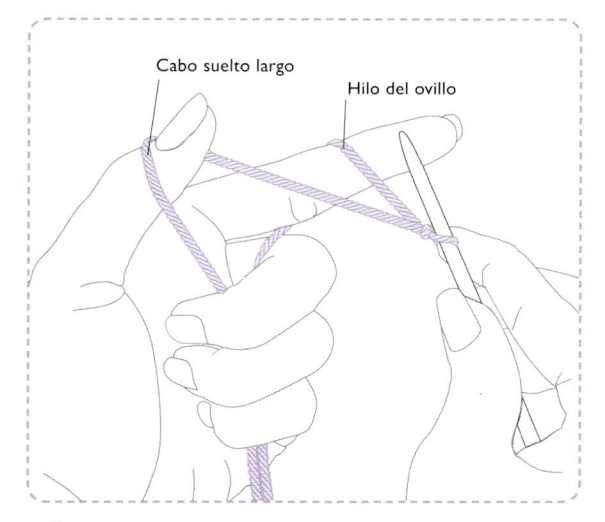

1 Haga un nudo corredizo en la aguja, dejando un cabo muy largo (de unos 3,5 cm por cada punto que vaya a montar). Sujete la aguja con la mano derecha. Pase el cabo sobre el pulgar izquierdo, el hilo del ovillo sobre el índice, y sujete ambos en la palma de la mano.

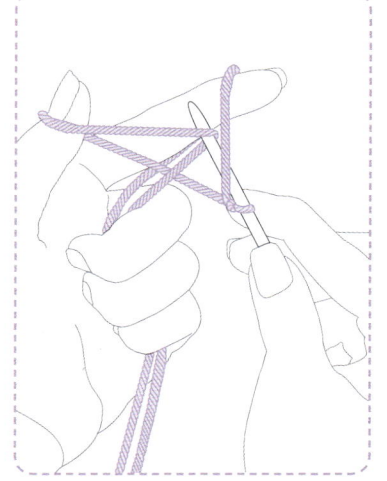

2 Inserte la punta de la aguja de abajo arriba a través de la lazada del pulgar.

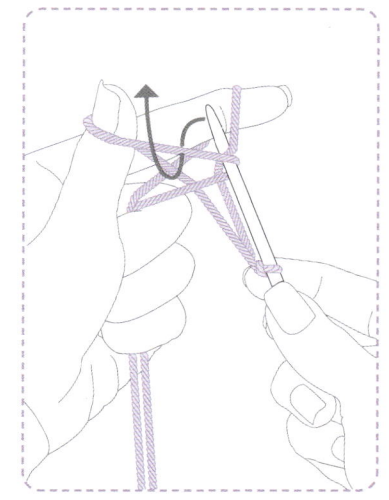

3 Rodee la punta de la aguja con el hilo del índice, de derecha a izquierda, y páselo a través de la lazada del pulgar tal como muestra la flecha.

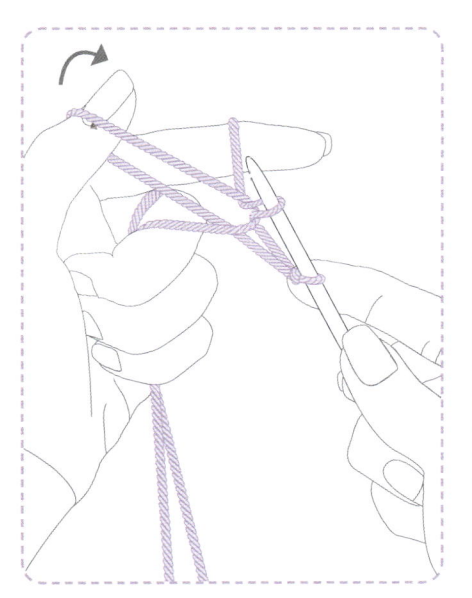

4 Saque la lazada del pulgar.

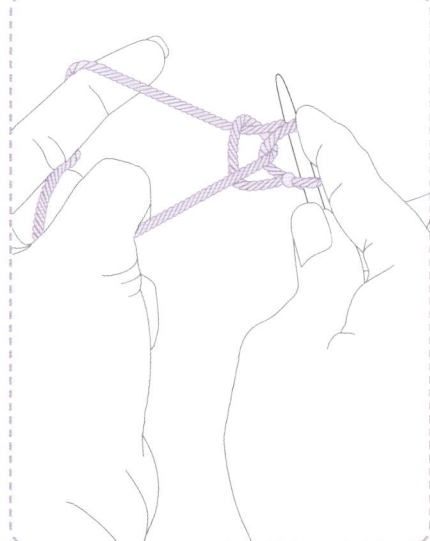

5 Tire de los extremos de las dos hebras para apretar el punto recién montado en la aguja y deslizarlo junto al nudo corredizo.

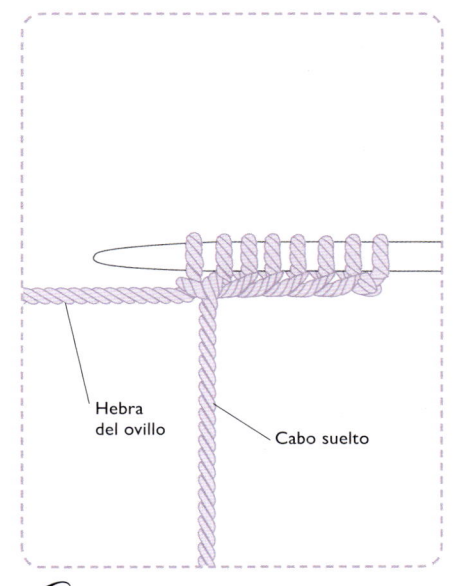

6 Enrolle de nuevo el cabo en el pulgar y monte otro punto de la misma manera. Siga montando los puntos necesarios.

Útiles y técnicas

Cierre del derecho

Una vez completada la pieza, hay que cerrar los puntos finales para evitar que se deshaga. Aunque el tipo de cierre que se muestra aquí es de puntos del derecho, el principio es idéntico para los del revés. Si la instrucción indica que hay que dejar puntos en espera para tejer más tarde, deslícelos a otra aguja de tricotar o a una aguja auxiliar.

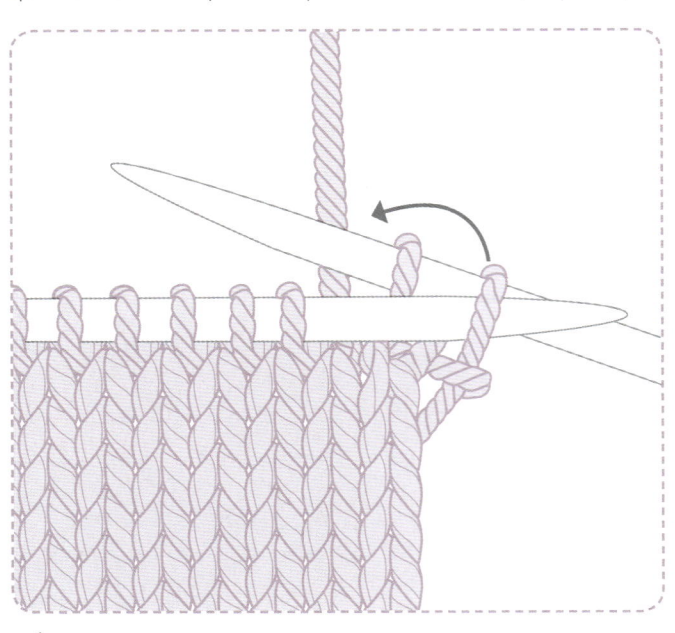

1 Empiece tejiendo los dos primeros puntos juntos. Luego, inserte la punta de la aguja izquierda, de izquierda a derecha, en el primer punto y levántelo para pasarlo sobre el segundo y sacarlo de la aguja derecha.

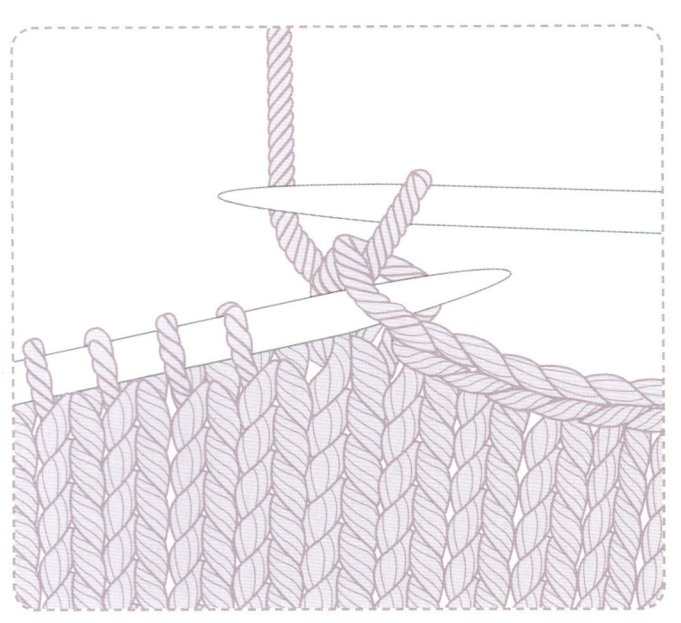

2 Para cerrar el punto siguiente, teja un punto más y repita el paso 1. Siga hasta tener un solo punto en la aguja derecha («cerrar los puntos como se presentan, o según el patrón», significa que hay que tejer los puntos según el patrón al cerrar).

3 Para impedir que el último punto se deshaga, corte el hilo dejando un cabo de 20 cm, lo bastante largo para rematarlo después (o déjelo aún más largo si va a utilizarlo para una costura posterior). Pase el hilo a través de la última lazada y tire de él para cerrar el punto restante.

Cierre con tres agujas

Con esta técnica puede añadir un detalle a su labor. Se puede hacer por la cara del derecho (como en este ejemplo) para crear una costura decorativa, o por la del revés, e incluso con un color contrastado. Con una adaptación, este tipo de cierre también puede servir para integrar fácilmente bolsillos y dobladillos.

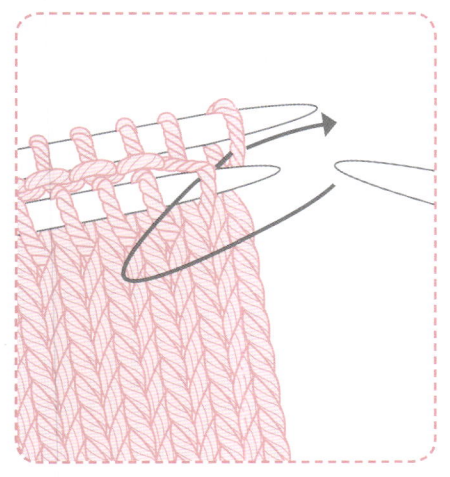

1 Sujete las agujas con los puntos que se van a unir encarados por el revés. Inserte una tercera aguja por el centro del primer punto de cada una de las otras y teja esos dos puntos juntos.

2 Siga tejiendo juntos un punto de una aguja y otro de otra mientras se van cerrando de la forma habitual.

3 Al abrir las piezas verá que se ha formado una cadeneta en relieve a lo largo de la juntura.

Deslizar puntos

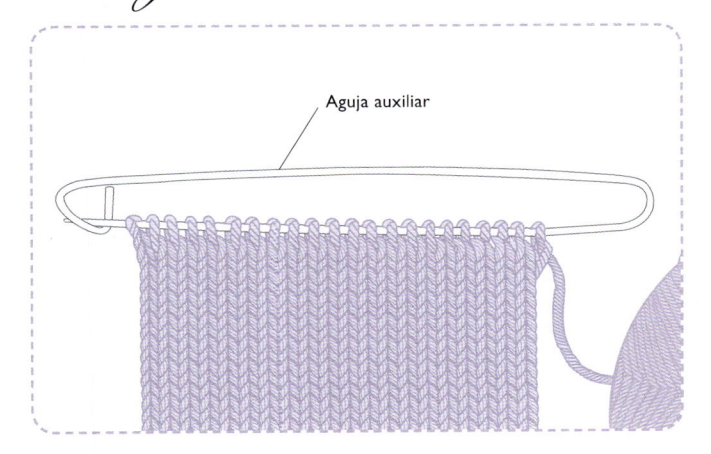

Aguja auxiliar

En una aguja auxiliar: si se van a reservar o dejar en espera puntos para trabajar después, las instrucciones le indicarán si debe cortar el hilo o dejarlo unido al ovillo. Deslice con cuidado los puntos a una aguja auxiliar lo bastante larga para contenerlos todos. Si se trata de unos pocos puntos, utilice un imperdible.

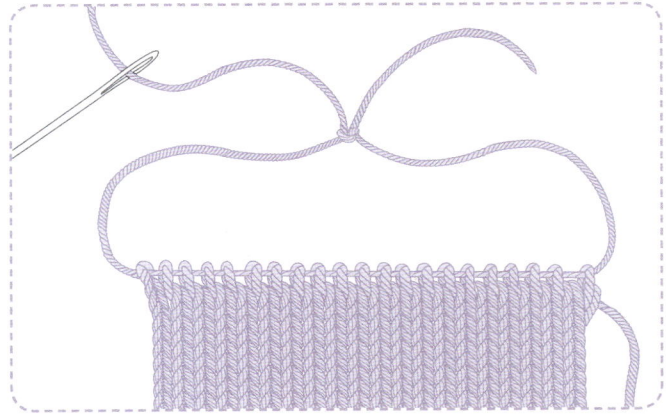

En un hilo: si no dispone de aguja auxiliar, o esta no es lo bastante larga, puede usar un hilo de algodón, pasándolo con una aguja lanera, o de punta roma, a través de los puntos a medida que se deslizan de la aguja de tricotar. Una vez deslizados, anude los extremos del hilo.

Útiles y técnicas

Punto del derecho (d)

Todos los tejidos de punto se componen de dos tipos de punto básicos: del derecho y del revés. El punto bobo (p. 69) se hace solo a punto del derecho. Pruebe a tejer rayas con hilos de distintos colores para perfeccionar el punto del derecho. Si se le cae algún punto, páselo a un imperdible para que no se caiga más y cóselo después.

1 Sujete la aguja que contiene los puntos en la mano izquierda. Con el hilo por detrás de la labor, inserte la punta de la aguja derecha, de izquierda a derecha, a través de la lazada del siguiente punto que vaya a tejer y por debajo de la aguja izquierda.

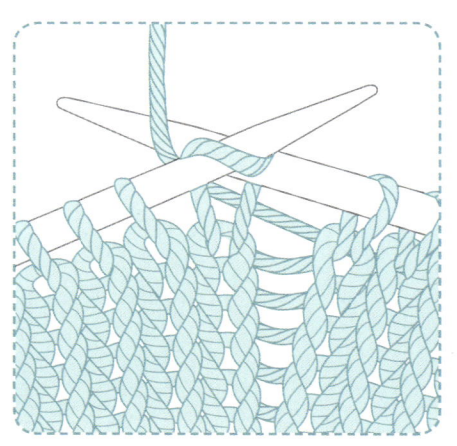

Hilo por detrás del punto

2 Pase el hilo de abajo arriba sobre la punta de la aguja derecha, dejándolo deslizar entre los dedos con una tensión uniforme.

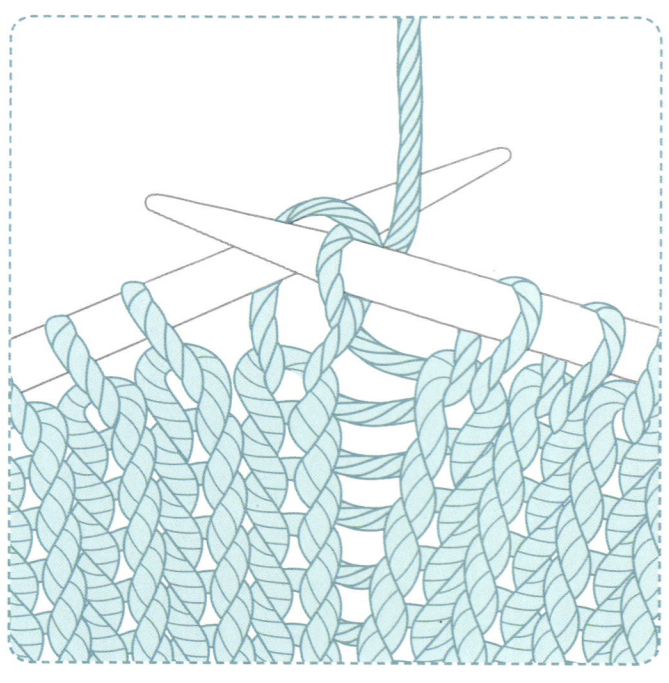

3 Con la punta de la aguja derecha, saque con cuidado el hilo a través del punto de la aguja izquierda. Sujete el hilo con firmeza, pero sin tirar demasiado.

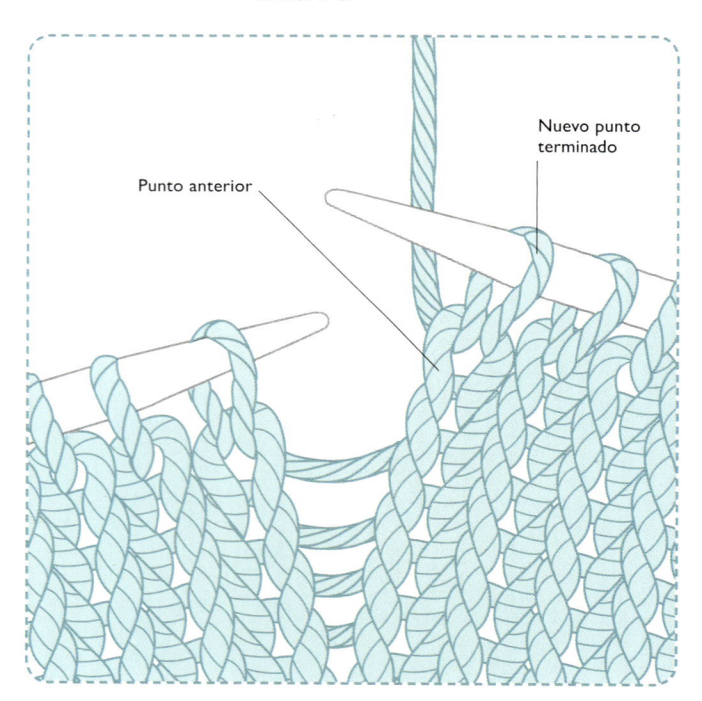

4 Deje caer el punto de la aguja izquierda para completar el punto del derecho en la aguja derecha.

Punto anterior

Nuevo punto terminado

Punto del revés (r)

Aunque un poco más difícil que el punto del derecho, el del revés le resultará igualmente sencillo con la práctica, hasta el extremo de que podrá tejer estos puntos básicos casi con los ojos cerrados. En los puntos del revés puede notar que la tensión varía: para compensarlo, intente sujetar la hebra un poco más tirante o más floja.

Hilo por delante del punto

1 Sujete la aguja con los puntos en la mano izquierda. Con el hilo por delante de la labor, inserte la punta de la aguja derecha en la lazada del siguiente punto, de derecha a izquierda y por encima de la aguja izquierda.

2 Pase el hilo sobre la punta de la aguja y enróllelo de dentro afuera, dejándolo deslizar entre los dedos con una tensión uniforme.

3 Con la punta de la aguja derecha, saque con cuidado el hilo a través del punto de la aguja izquierda. Mantenga relajada la mano que sujeta el hilo para que este corra por los dedos de manera suave, pero controlada.

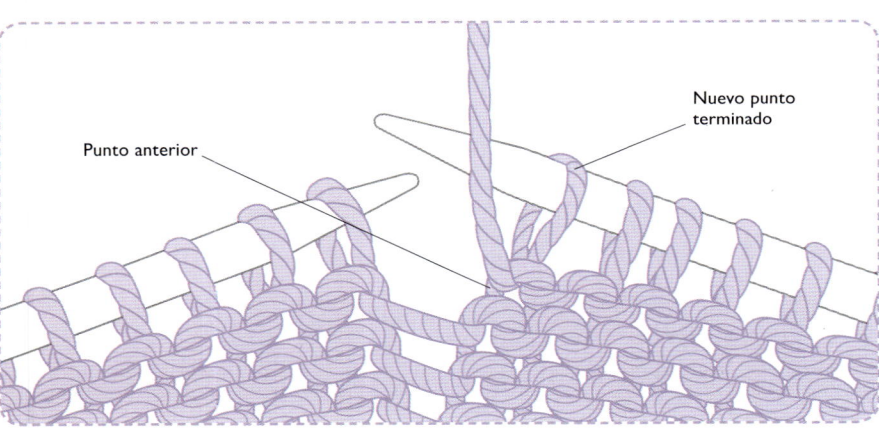

Punto anterior — *Nuevo punto terminado*

4 Deje caer el punto anterior de la aguja izquierda para completar el punto del revés.

Técnicas clave

consejo

El borde de las mangas se enrolla de forma natural.

(Chaquetita de ballet pp. 18–21)

Puntos básicos del derecho y del revés

Los tipos de punto más frecuentes son: punto bobo; punto de jersey, o liso; y canalé, o punto elástico, simple. El punto de jersey es el más usado para prendas lisas, como en el caso de la chaquetita de la imagen; el punto bobo y el canalé suelen utilizarse con más frecuencia para bordes y ribetes.

Punto bobo (pb)

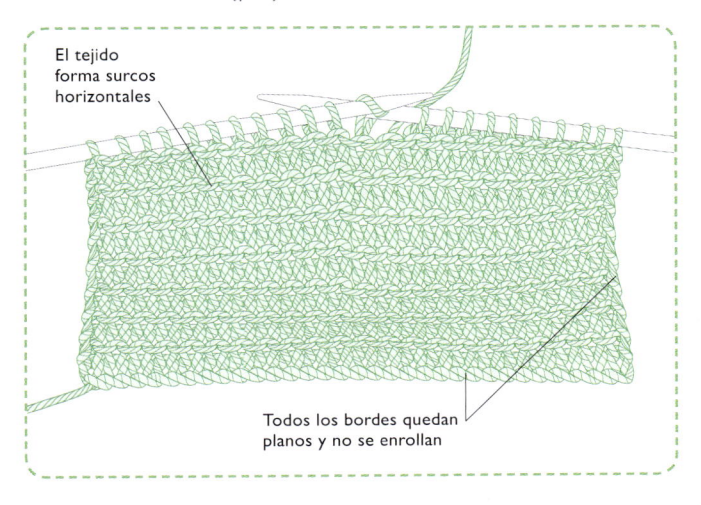

El tejido forma surcos horizontales

Todos los bordes quedan planos y no se enrollan

El revés del tejido es exactamente igual que el derecho

Vueltas del derecho por el derecho (D): el punto bobo es el más fácil, pues todas las vueltas se tejen a punto del derecho. Con el derecho de la labor de frente, teja del derecho todos los puntos de la vuelta.

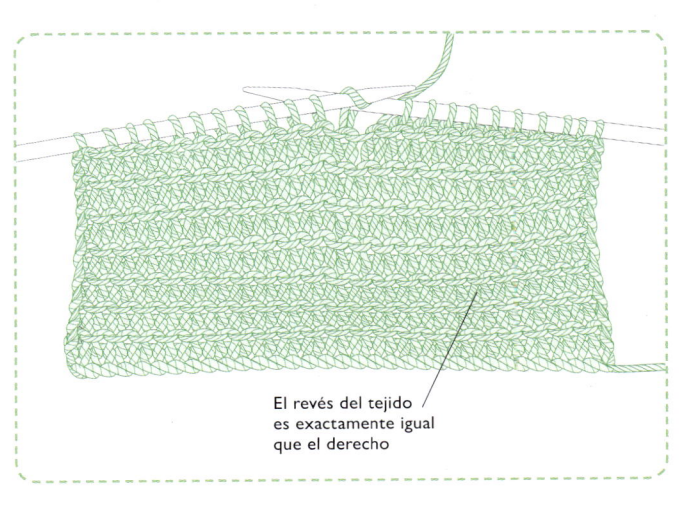

Vueltas del derecho por el revés (R): con el revés de la labor (R) de frente, todos los puntos de la vuelta se tejen del derecho. El tejido resultante es esponjoso, con textura y ligeramente elástico.

Punto de jersey (pjer)

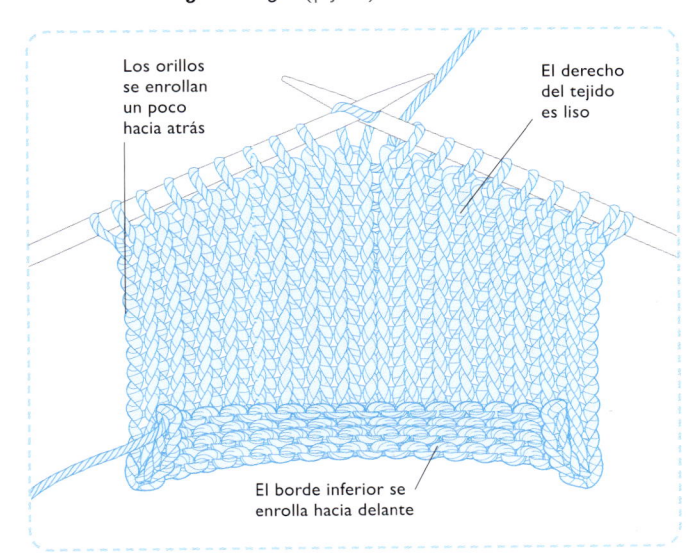

Los orillos se enrollan un poco hacia atrás

El derecho del tejido es liso

El borde inferior se enrolla hacia delante

El revés del tejido es nudoso

Vueltas del derecho por el derecho (D): el punto de jersey se teje en vueltas alternas del derecho y del revés. Con el derecho de la labor de frente, teja del derecho todos los puntos de la vuelta.

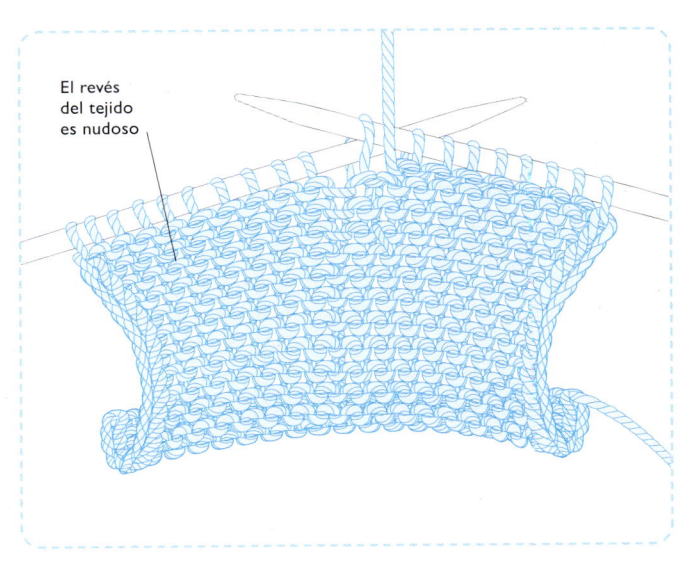

Vueltas del revés por el revés (R): cuando la cara del revés de la labor esté de frente, teja todos los puntos de la vuelta del revés.

Útiles y técnicas

Canalé simple (1×1)

El canalé forma surcos y crestas verticales, y es elástico

Los bordes quedan planos y no se enrollan

El revés del tejido es idéntico al derecho

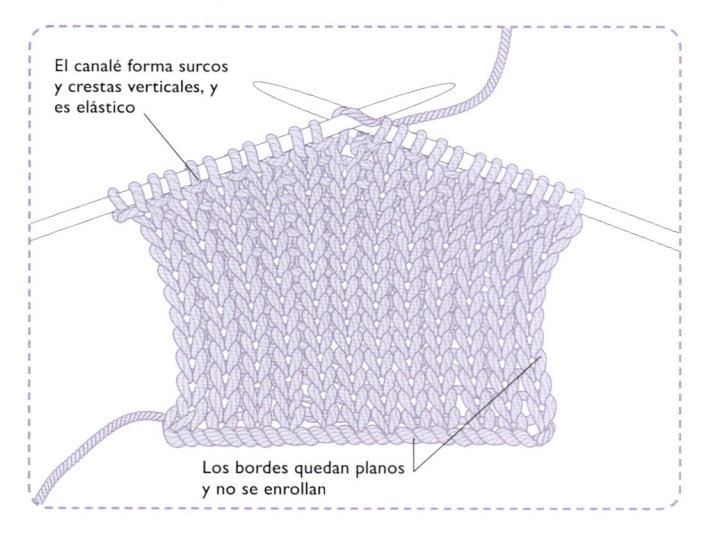

Vueltas por el derecho (D): el canalé simple se hace alternando un punto del derecho y otro del revés. Tras un punto del derecho, lleve la hebra hacia delante para tejer el siguiente del revés; tras un punto del revés, llévela hacia atrás para tejer el siguiente del derecho.

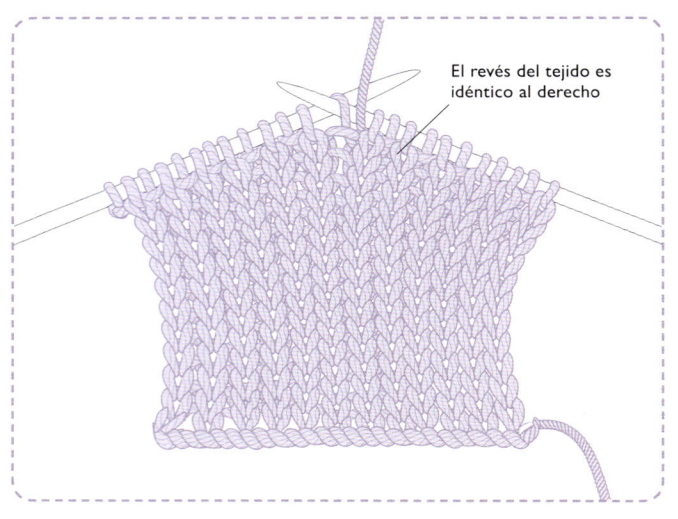

Vueltas por el revés (R): en las vueltas por el revés de la labor, teja del derecho todos los puntos del derecho, y del revés todos los del revés. Las vueltas sucesivas se tejen igual para formar finas columnas de puntos del derecho y del revés.

Corregir errores

Estas útiles técnicas le ayudarán a completar la labor si se encuentra algún problema. Lo mejor que puede hacer si comete un error es destejer los puntos uno a uno hasta llegar a él. Si se le cae un punto, procure remontarlo rápidamente o seguirá cayendo hasta el borde de montaje.

Destejer una vuelta del derecho

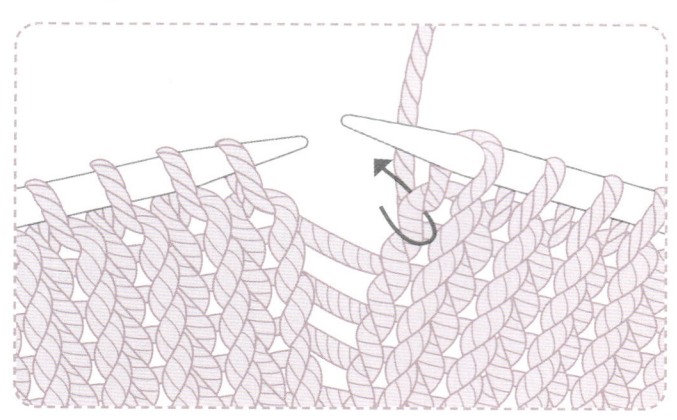

Sujete la aguja con los puntos en la mano derecha. Para destejer cada punto, inserte la punta de la aguja izquierda, de delante atrás, en el punto de debajo del primero de la aguja derecha y deje caer la lazada.

Destejer una vuelta del revés

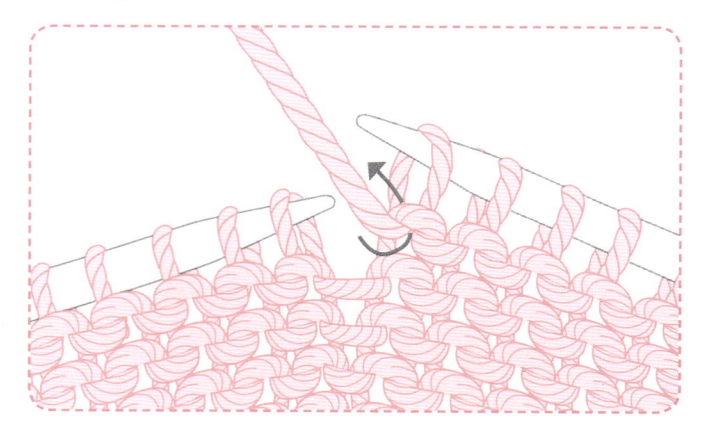

Sujete la aguja con los puntos en la mano derecha. Desteja cada punto del revés con la punta de la aguja izquierda de la misma manera que en las vueltas a punto del derecho.

Remallar un punto caído

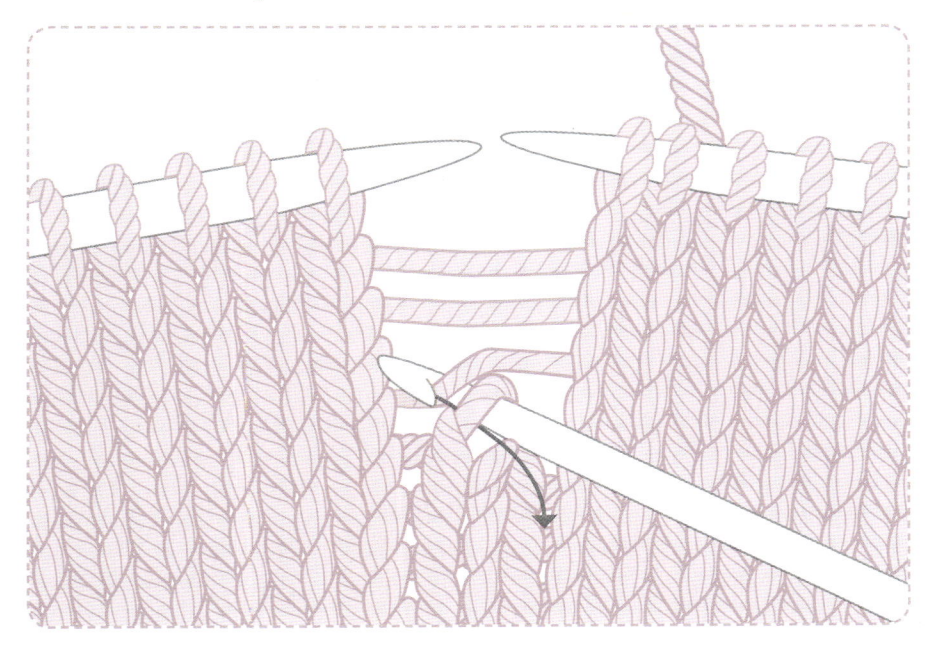

Si se cae un punto en un tejido a punto de jersey, se puede recuperar fácilmente con un ganchillo. Con el derecho de la labor de frente, inserte el ganchillo en la lazada del punto caído; enganche el hilo horizontal que ha quedado entre puntos y sáquelo a través de la lazada. Continúe subiendo vuelta tras vuelta de la misma manera hasta llegar arriba y, entonces, deslice el punto de nuevo en la aguja de tricotar.

Remontar un hilo en punto calado y para aumentar

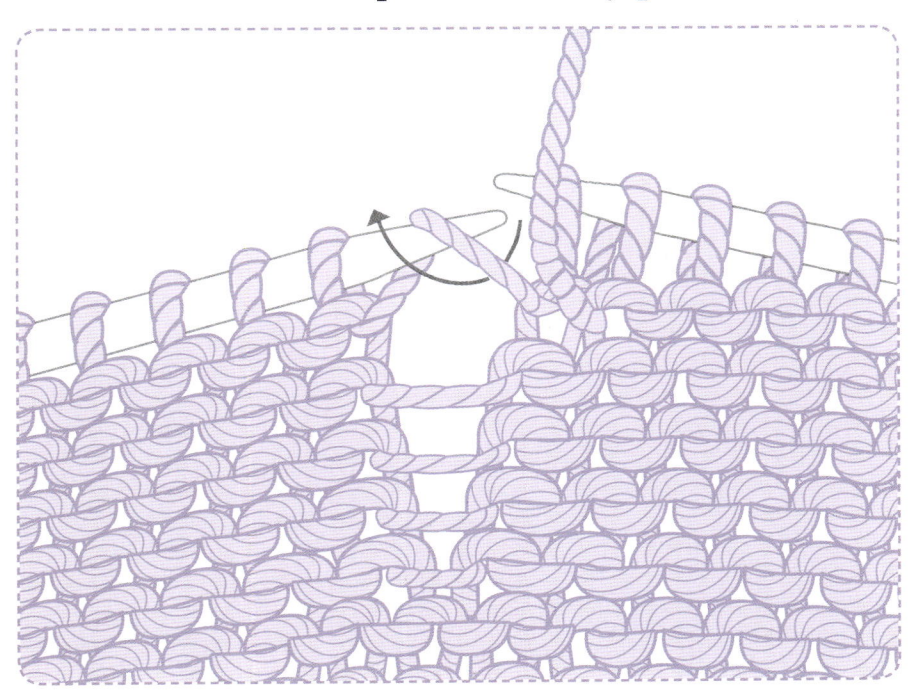

Al tejer puntos de encaje o calados, hay que contar a menudo los puntos. Si se deja un punto por hacer, quedará un hilo horizontal entre los demás puntos, correspondiente a la hebra echada. No será necesario que deshaga todos los puntos hasta llegar al error; simplemente, al llegar a la altura del punto perdido en la siguiente vuelta, inserte la aguja izquierda de delante atrás por debajo del hilo entre el punto recién hecho y el siguiente (izda.) y teja el punto como se presenta (del revés en el ejemplo de la imagen).

Útiles y técnicas

Comprender las instrucciones escritas

En algunos patrones de punto aparecen instrucciones como «deslizar» puntos y tejer puntos «por detrás». Estas útiles técnicas se explican a continuación como referencia de consulta de las abreviaturas de la p. 60.

Deslizar puntos del revés

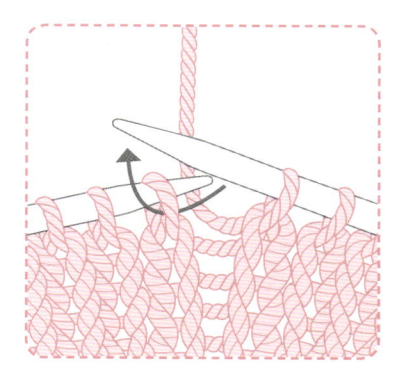

1 Los puntos se deslizan siempre del revés, por ejemplo, al pasarlos a una aguja auxiliar, a menos que las instrucciones indiquen lo contrario. Inserte la punta de la aguja derecha, de derecha a izquierda y por delante, en la lazada de la aguja izquierda.

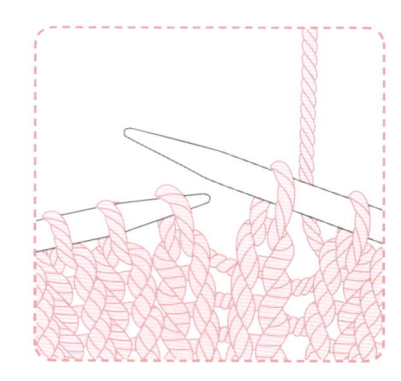

2 Pase el punto a la aguja derecha y sáquelo de la izquierda sin tejerlo. El punto deslizado queda con el lado derecho de la lazada de frente, como los puntos tejidos junto a él.

Deslizar puntos del derecho

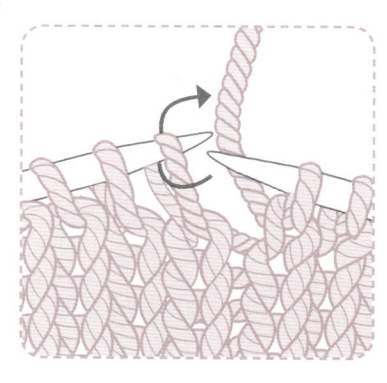

1 Los puntos solo se deslizan del derecho si las instrucciones así lo indican o para menguar (pp. 78–81), pues el punto se retuerce. Inserte la punta de la aguja derecha, de izquierda a derecha, a través de la lazada de la aguja izquierda.

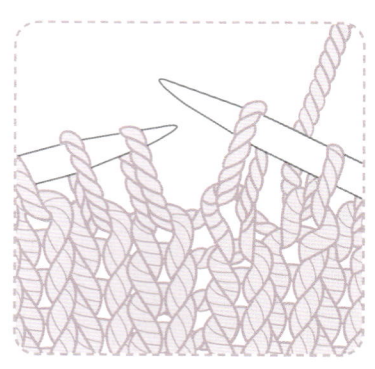

2 Pase el punto a la aguja derecha y sáquelo de la izquierda sin tejerlo. El punto deslizado tiene el lado izquierdo de la lazada de frente, al contrario que los puntos tejidos junto a él.

Tejer un punto del derecho por detrás (1ddet)

1 Cuando las instrucciones indiquen «1ddet», inserte la aguja derecha en el punto de la izquierda, de derecha a izquierda y por detrás de la aguja (es decir, por detrás del punto).

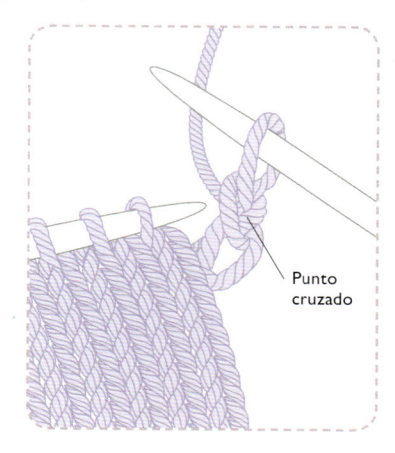

2 Eche el hilo sobre la punta de la aguja derecha y complete el punto del derecho de la manera habitual. Esto retuerce el punto de la vuelta inferior de forma que sus patas se cruzan en la base. (Este mismo principio se aplica para 1rdet, 2dj por det y 2rj por det.)

Punto cruzado

Aumentos y menguados

Aumentar o menguar (disminuir) el número de puntos en la aguja son dos métodos para dar forma a una pieza, pues convierten los bordes rectos en curvos o inclinados. Los aumentos y menguados se usan también combinados con puntos del derecho y del revés para crear texturas y calados.

Aumentos simples

Las técnicas siguientes de aumentos simples se usan para dar forma al tejido. Estos aumentos añaden un punto sin producir agujero alguno, y por ello también se llaman aumentos invisibles. Los aumentos múltiples, que crean más de un punto, se emplean con menos frecuencia y siempre se explican en el patrón.

Un punto del derecho por delante y otro por detrás (1ddel+1ddet, o aum1)

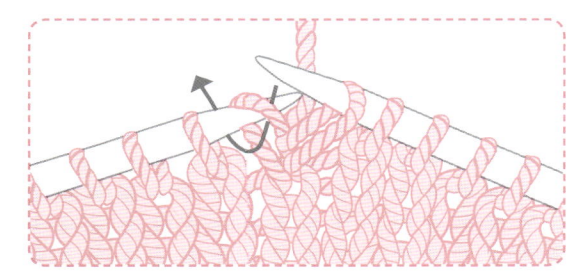

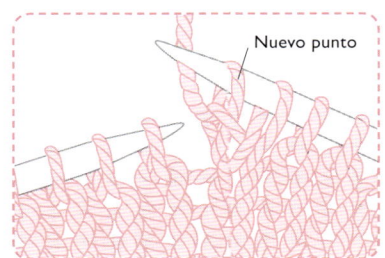

1 Teja el punto siguiente del derecho y déjelo en la aguja izquierda. Inserte la punta de la aguja derecha por la parte posterior de la lazada, de derecha a izquierda. Este aumento invisible, frecuente en vueltas del derecho, crea una barrita entre los puntos.

2 Eche el hilo sobre la punta de la aguja derecha, páselo por la lazada para formar el segundo punto y deje caer el anterior de la aguja izquierda.

3 Al tejer dos puntos, uno por delante y otro por detrás del mismo punto, se crean dos puntos a partir de uno y se aumenta un punto en la vuelta.

Un punto del revés por delante y otro por detrás (1rdel+1rdet, o aum1)

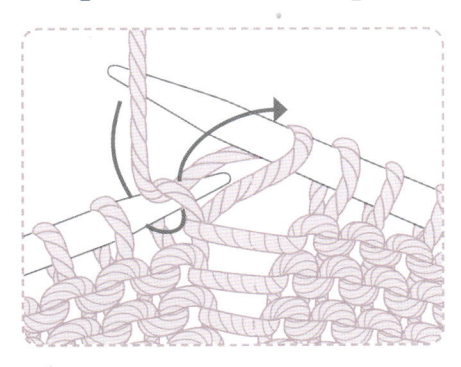

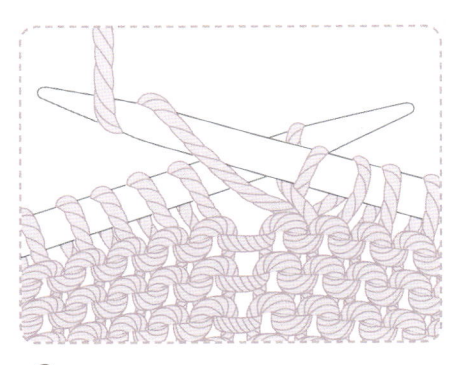

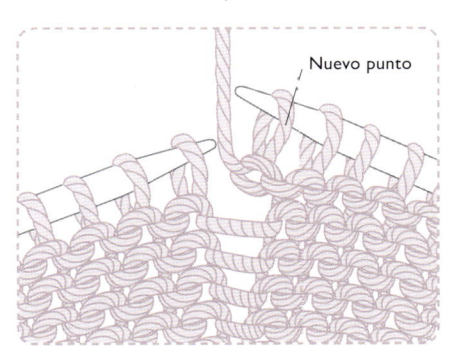

1 Teja el punto siguiente del revés y déjelo en la aguja izquierda. Inserte la punta de la aguja derecha en la lazada por detrás, de izquierda a derecha.

2 Eche el hilo sobre la punta de la aguja derecha, páselo por la lazada para formar el segundo punto y deje caer el anterior de la aguja izquierda.

3 Al tejer un punto del revés por delante y otro por detrás de mismo punto, se crean dos puntos a partir de uno y se aumenta un punto en la vuelta.

Útiles y técnicas

Remontar un punto en vueltas del derecho (aum1)

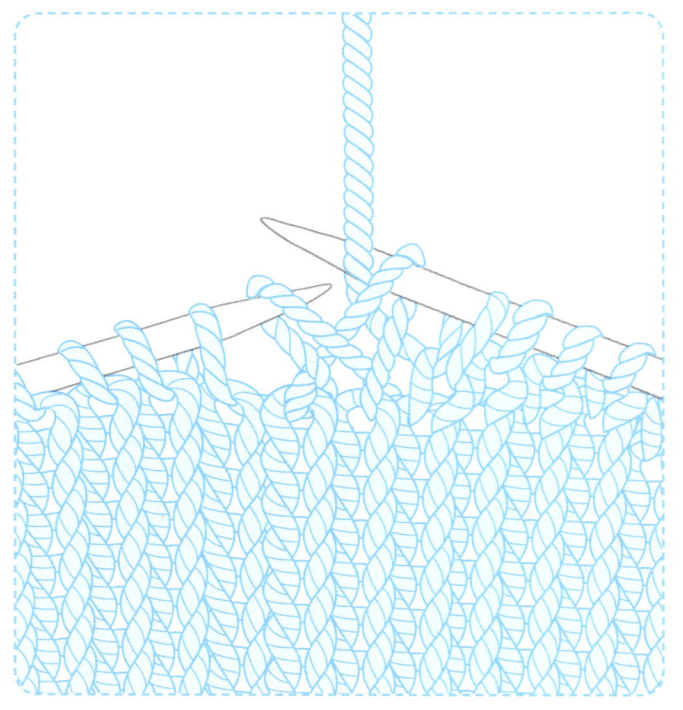

1 Inserte la punta de la aguja derecha de delante atrás en el punto de debajo del siguiente de la aguja izquierda y levántelo. Teja del derecho este punto remontado.

2 Teja del derecho el siguiente punto (el de encima del remontado de la aguja izquierda) del modo habitual.

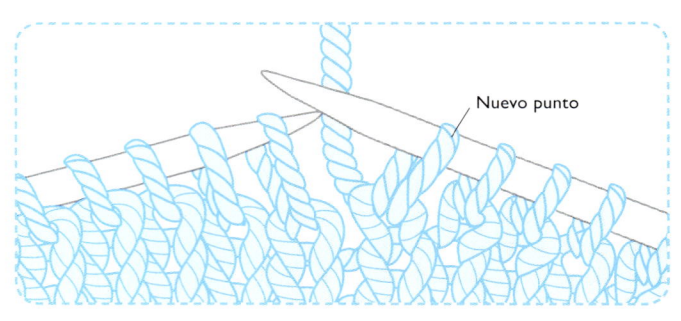

3 De este modo se crean dos puntos a partir de uno y se aumenta un punto en la vuelta (la versión del revés sigue el mismo principio).

Tejer un punto falso en vueltas del derecho (If, o aum1)

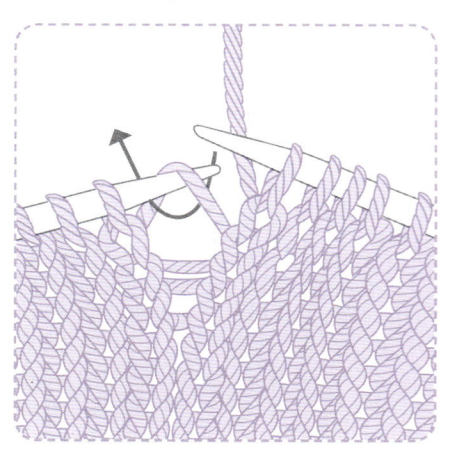

1 Inserte la punta de la aguja izquierda de delante atrás bajo la hebra horizontal que queda entre el punto que acaba de tejer y el siguiente. Pase la aguja derecha por la hebra levantada, de derecha a izquierda y por detrás de la aguja izquierda.

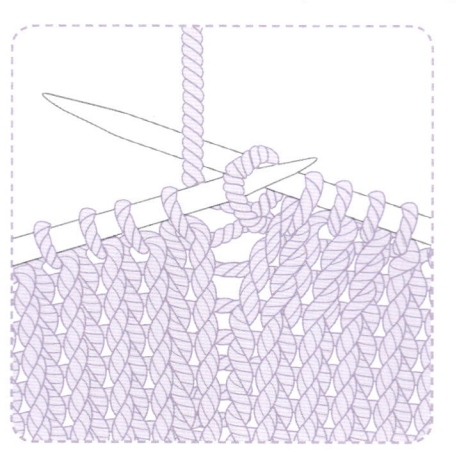

2 Eche el hilo sobre la punta de la aguja derecha y páselo a través de la hebra levantada. (Esto es tejer del derecho por detrás del punto.)

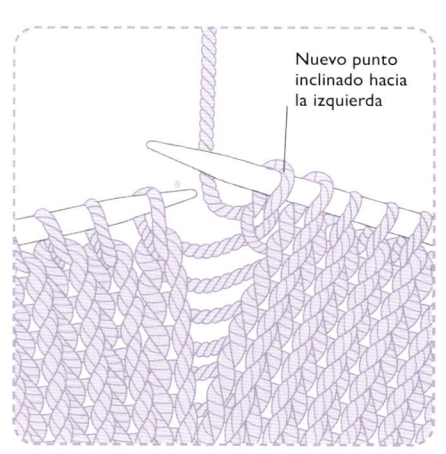

3 Así se suma un punto más a la vuelta. (Al tejer por detrás de la lazada se retuerce la base del nuevo punto y se crea un punto cruzado que cierra el agujero que se habría formado.)

Aumentos y menguados

Tejer un punto falso en vueltas del revés (lfr, o aumlfr)

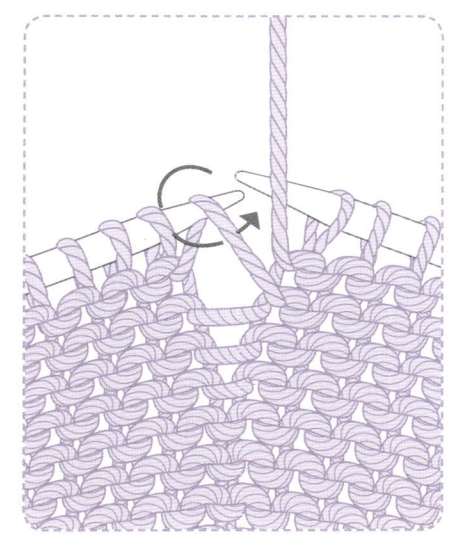

1 Inserte la punta de la aguja izquierda de adelante atrás bajo la hebra horizontal entre el punto que acaba de tejer y el siguiente. Pase la aguja derecha por la hebra, de izquierda a derecha y por detrás de la aguja izquierda.

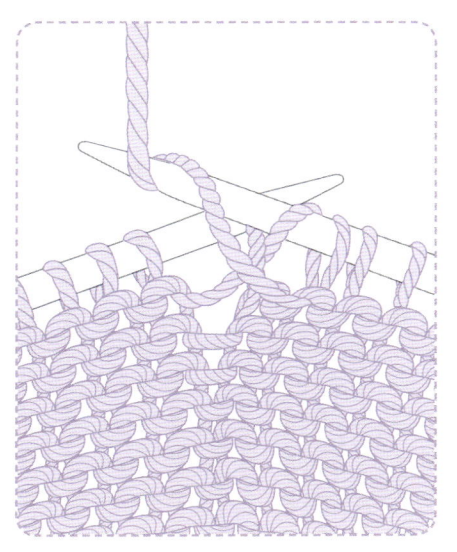

2 Eche el hilo en la punta de la aguja derecha y páselo a través de la hebra levantada. (Esto es tejer del revés por detrás del punto.)

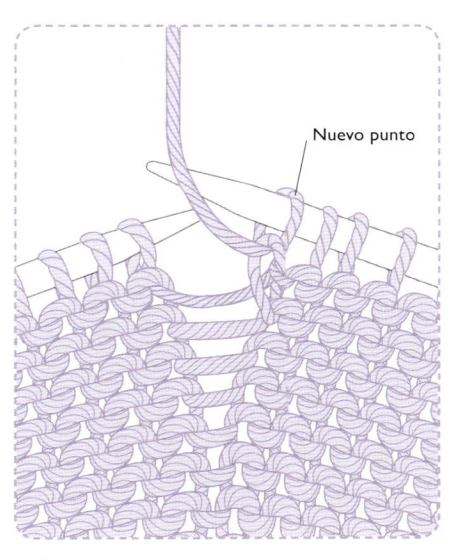

3 Así se crea un punto más en la vuelta. (Al tejer por detrás de la lazada, se retuerce la base del nuevo punto y se crea un punto cruzado que cierra el agujero que podría haberse formado.)

Aumentos múltiples [(ld, lr, ld) en el sig p]

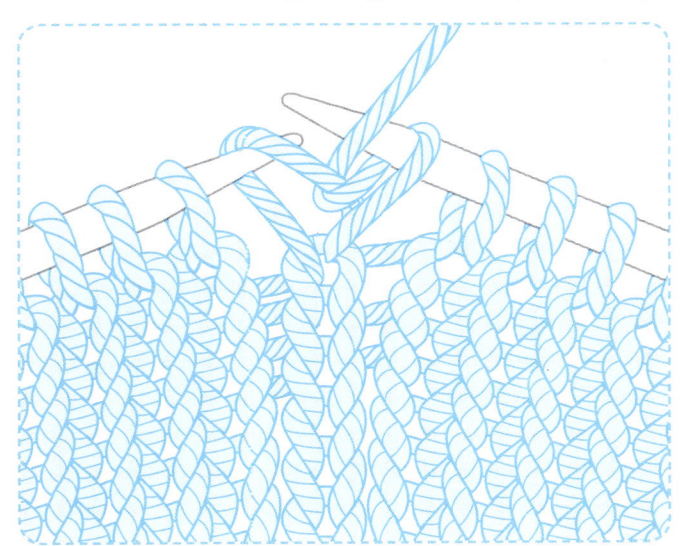

1 Para comenzar el aumento múltiple, teja el punto siguiente del derecho pero sin sacar el anterior de la aguja izquierda. Este es un aumento muy sencillo si debe añadir más de un punto a otro existente, pero crea un pequeño agujero bajo los nuevos puntos.

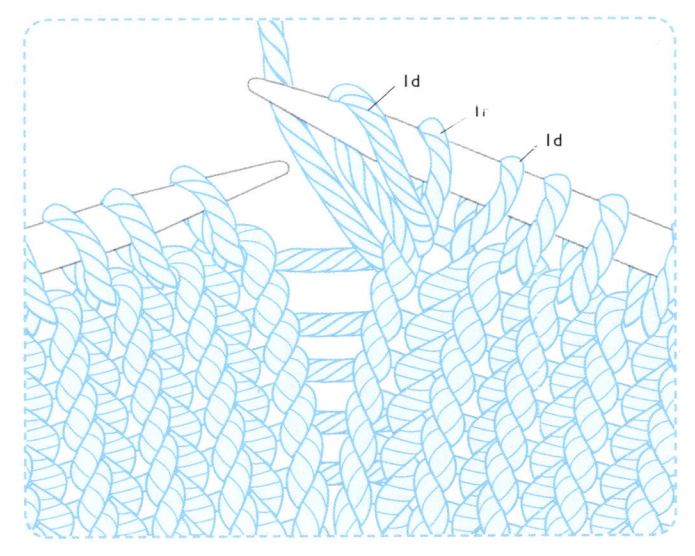

2 Teja un punto del revés y uno del derecho en el mismo punto de la aguja izquierda. Esta acción crea dos puntos más en la vuelta. Si lo desea, puede seguir alternando puntos del derecho y del revés en la misma lazada para crear más puntos.

Útiles y técnicas

Aumentos echando el hilo (eh)

Estos aumentos añaden puntos y a la vez crean agujeros o calados, por lo que también se llaman aumentos visibles. Los aumentos echando el hilo, o la hebra, entre puntos se hacen pasando el hilo en torno a la aguja derecha para tejer un punto más: esto debe hacerse del modo correcto, o se cruzará al tejer la vuelta siguiente y cerrará el agujero.

Echar el hilo entre puntos del derecho (ehd)

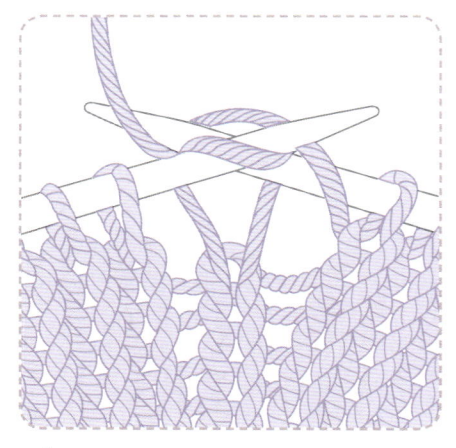

1 Lleve el hilo hacia delante de la labor, entre las dos agujas. Páselo hacia atrás por encima de la aguja derecha y teja del modo habitual el siguiente punto del derecho.

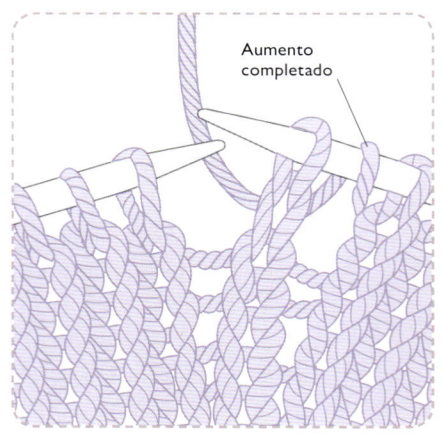

2 Al completar el punto del derecho, el aumento queda bien formado en la aguja derecha, con la pata derecha de la lazada por delante.

Aumento completado

3 En la vuelta siguiente, al llegar al aumento, teja el punto del revés por delante, del modo habitual. Esto crea un agujero por debajo del punto del revés.

Eche el hilo del revés en la vuelta siguiente

Echar el hilo entre puntos del revés (ehr)

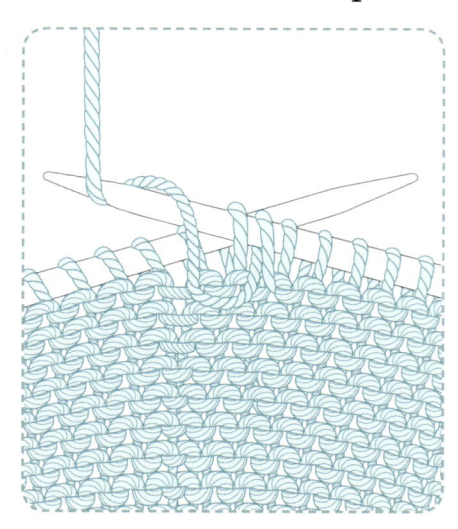

1 Lleve el hilo hacia detrás de la labor por encima de la punta de la aguja derecha y luego hacia delante, entre las dos agujas. Teja el punto del revés del modo habitual.

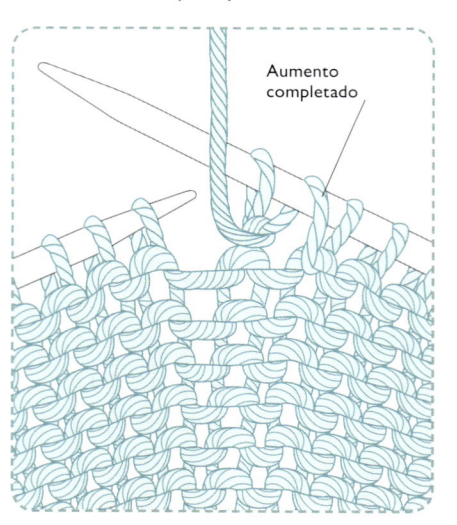

2 Al completar el punto del revés, el aumento queda bien formado en la aguja derecha, con la pata derecha de la lazada por delante.

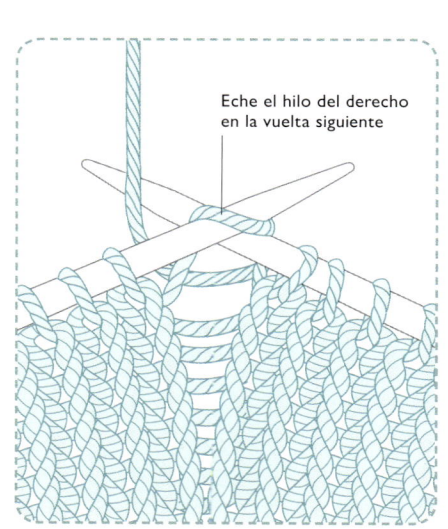

Aumento completado

3 En la vuelta siguiente, al llegar a aumento, teja un punto del derecho por delante de lazada, de la manera habitual. Esto crea un agujero por debajo del punto del derecho.

Eche el hilo del derecho en la vuelta siguiente

Aumentos y menguados

Echar el hilo entre puntos del derecho y del revés (ehdr/ehrd)

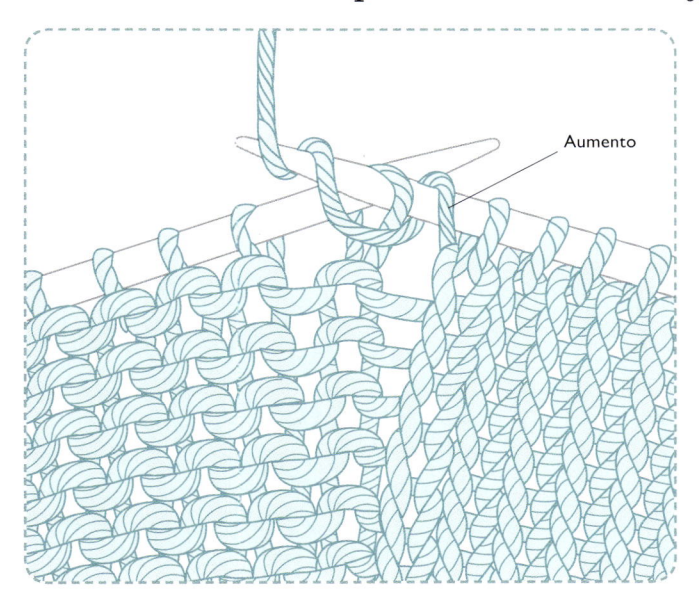

Tras un punto del derecho y antes de uno del revés (ehdr): lleve el hilo hacia delante entre las agujas, rodee la aguja derecha y llévelo otra vez hacia delante. Teja el punto siguiente del revés. En la vuelta siguiente, teja el aumento por delante de la lazada de la manera habitual, para crear un agujero.

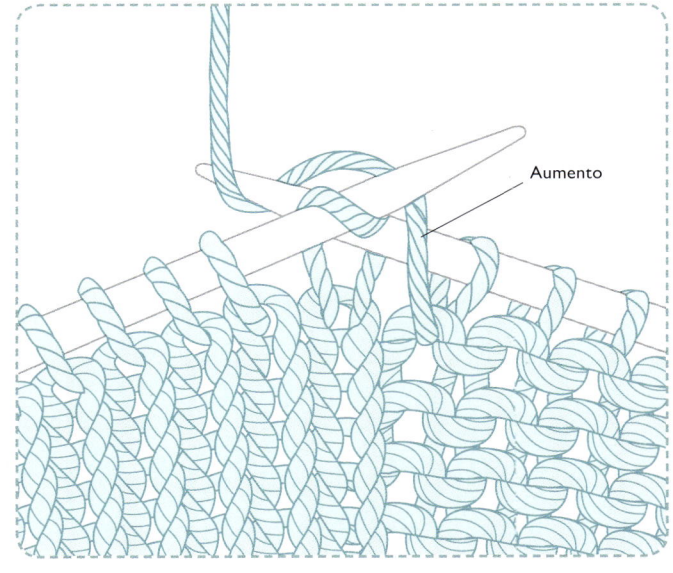

Tras un punto del revés y antes de uno del derecho (ehrd): pase el hilo por encima de la aguja derecha hacia el revés de la labor. Teja el punto siguiente del derecho. En la vuelta siguiente, teja un punto en el aumento por delante de la lazada de la manera habitual para crear un agujero.

Echar el hilo al comienzo de una vuelta (ehcom)

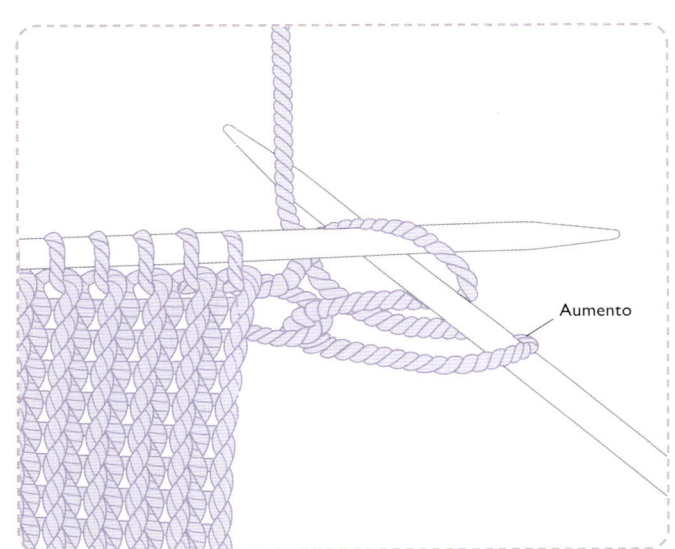

Antes de un punto del derecho: inserte la punta de la aguja derecha por detrás del hilo y en el primer punto del derecho. Luego, lleve el hilo hacia atrás por encima de la aguja derecha y complete el punto del derecho. En la vuelta siguiente, teja en el aumento por delante de la lazada de la manera habitual para crear un festón calado en el orillo.

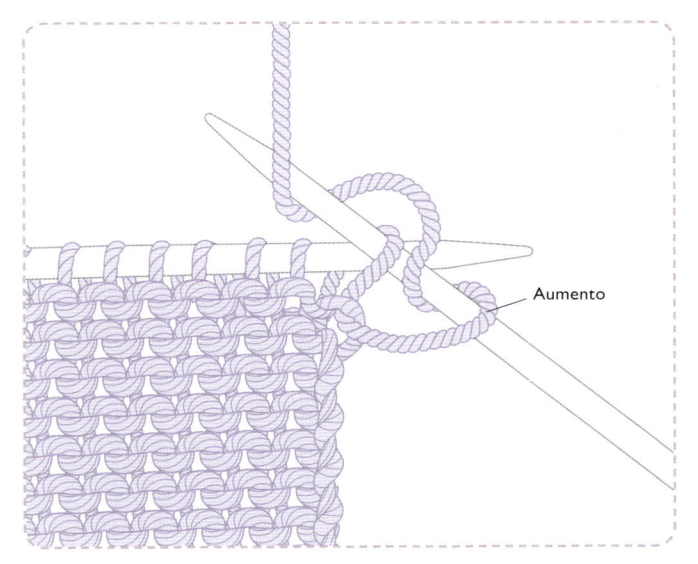

Antes de un punto del revés: pase el hilo en torno a la aguja derecha de delante atrás y de nuevo hacia delante entre las dos agujas. Teja el primer punto del revés. En la vuelta siguiente, teja en el aumento por delante de la lazada de la manera habitual para crear un festón calado en el orillo.

Útiles y técnicas

Aumento cruzado en punto bobo

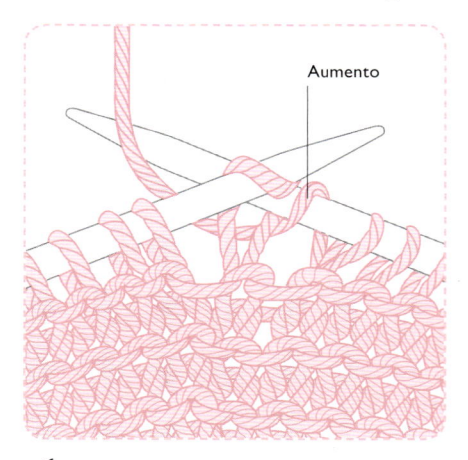

1 Esta técnica se usa para crear aumentos «invisibles» y resulta muy útil para el punto bobo. Lleve el hilo de atrás adelante sobre la aguja derecha y luego, rodeando la aguja, de nuevo hacia el revés de la labor entre ambas agujas. Teja el siguiente punto de la manera habitual.

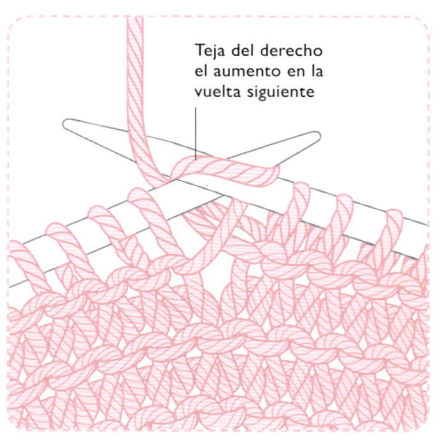

2 En la vuelta siguiente, teja del derecho el aumento por delante de la lazada (la hebra que queda por delante en la aguja izquierda).

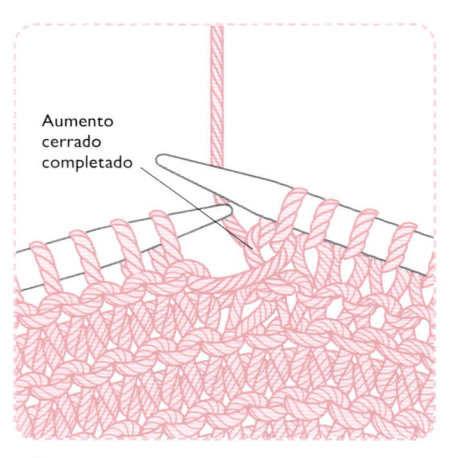

3 Esto crea un punto cruzado que cierra el agujero formado por el aumento echando el hilo. A pesar de que el punto cruzado es parecido a los remontados (pp. 74–75), queda más flojo, por lo que es ideal para la textura del punto bobo.

Menguados simples

Los menguados simples se suelen usar para dar forma a la labor y, emparejados con aumentos, para tejer puntos con textura. Los menguados más complejos se explican siempre en el patrón. Aunque casi todos los descritos aquí son para disminuir un solo punto, también se incluye algún ejemplo de menguados dobles.

Tejer dos puntos del derecho juntos (2dj, o men1)

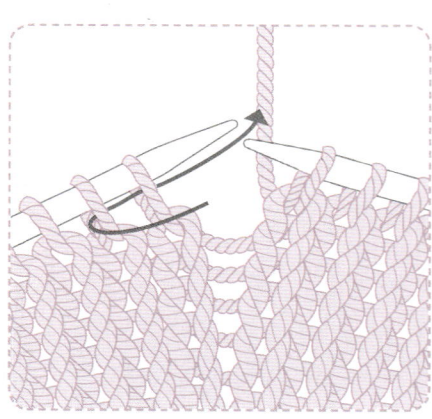

1 Inserte la punta de la aguja derecha, de izquierda a derecha, a través de los puntos segundo y primero de la aguja izquierda.

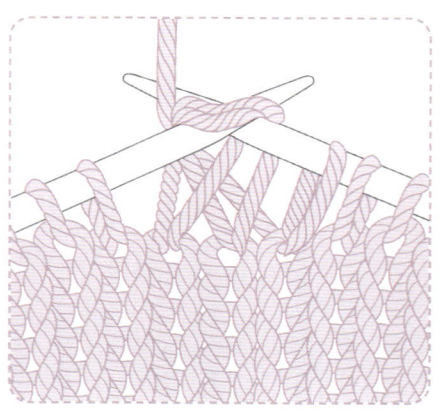

2 Eche el hilo en la punta de la aguja derecha, páselo por ambos puntos y deje caer los puntos anteriores de la aguja izquierda.

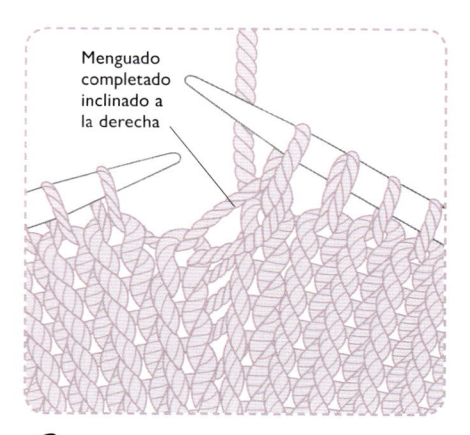

3 Esto crea un punto a partir de dos puntos y disminuye un punto en la vuelta. El punto completado se inclina a la derecha.

Aumentos y menguados

Tejer dos puntos del revés juntos (2rj, o men1)

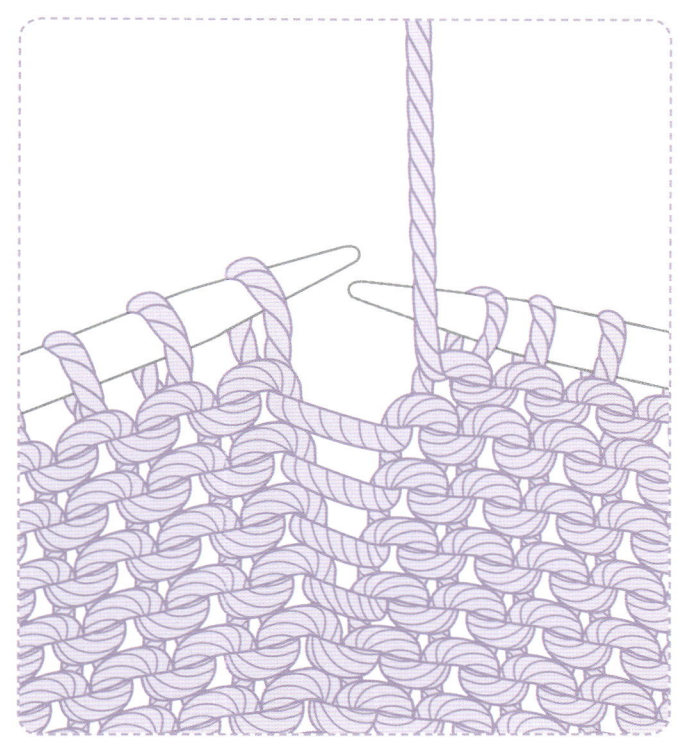

1 Este método se aplica cuando el patrón indique «menguar 1» (men1) en una vuelta del revés. Inserte la aguja derecha, de derecha a izquierda, por el primer y el segundo puntos de la aguja izquierda.

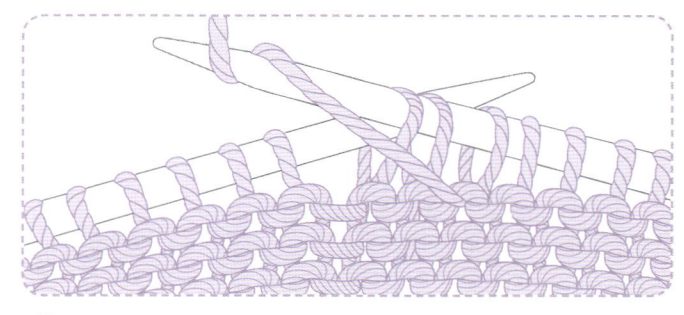

2 Eche el hilo en la punta de la aguja derecha, páselo por ambos puntos y deje caer los puntos anteriores de la aguja izquierda.

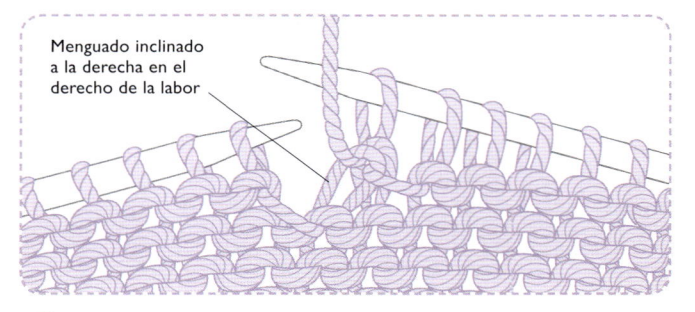

Menguado inclinado a la derecha en el derecho de la labor

3 Esto crea un punto a partir de dos y disminuye un punto en la vuelta.

Deslizar uno, uno del derecho y montar el deslizado (desl+1d+mon)

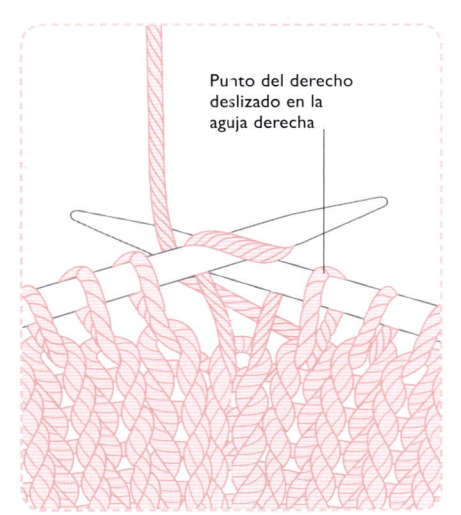

Punto del derecho deslizado en la aguja derecha

Menguado inclinado a la izquierda

1 Deslice del derecho (p. 72) el primer punto de la aguja izquierda en la derecha. Teja el siguiente punto del derecho.

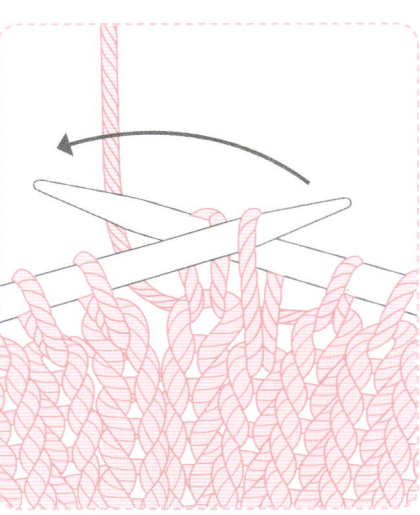

2 Levante con la aguja izquierda el punto deslizado, páselo por encima del punto del derecho y déjelo caer de la aguja derecha.

3 Esto crea un punto a partir de dos y disminuye un punto en la vuelta.

Útiles y técnicas

Deslizar dos puntos y tejerlos juntos del derecho (des2+dj)

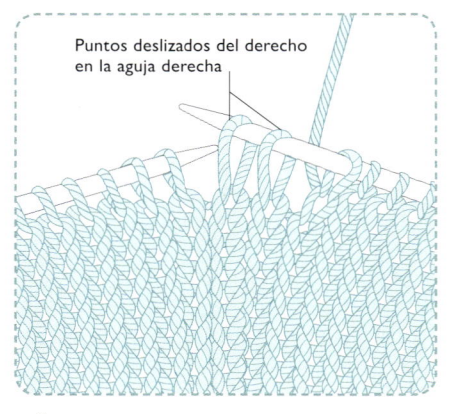

1 Deslice del derecho (p. 72) los dos primeros puntos de la aguja izquierda a la derecha, de uno en uno.

2 Inserte la punta de la aguja izquierda, de izquierda a derecha, en los dos puntos deslizados por delante (la aguja derecha estará ahora por detrás de la izquierda). Teja los dos puntos juntos del derecho.

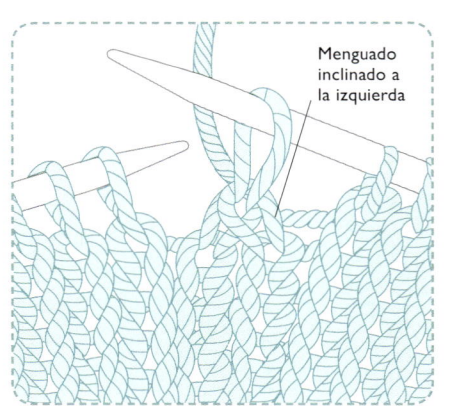

3 Esto crea un punto a partir de dos y disminuye un punto en la vuelta.

Deslizar dos puntos y tejerlos juntos del revés (des2+rj)

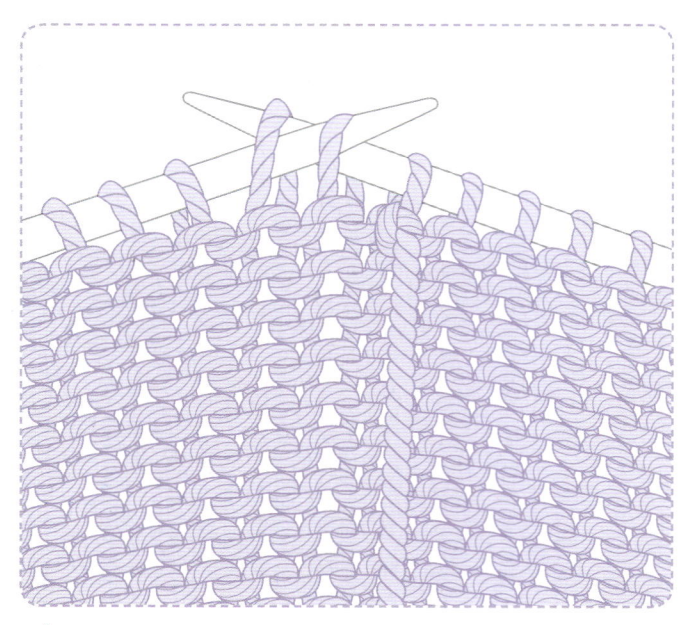

1 Con el hilo por delante, deslice del derecho (p. 72) dos puntos de la aguja izquierda a la derecha, de uno en uno y sin tejerlos, como para el menguado descrito arriba (des2+dj).

2 Sujetando las agujas punta con punta, inserte la izquierda en ambos puntos y recupérelos sin retorcerlos.

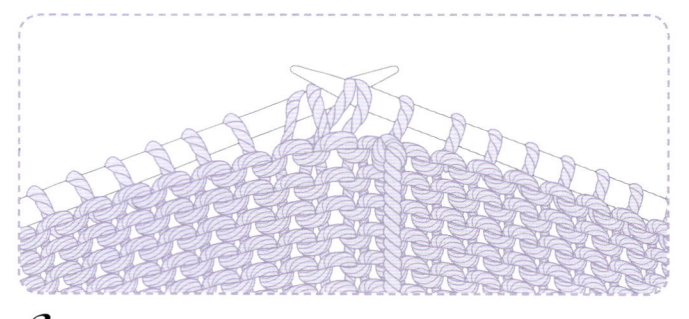

3 Con la aguja derecha por detrás, levante la punta de izquierda a derecha, recoja por detrás los dos puntos y vaya pasándola hacia delante a medida que los recoge.

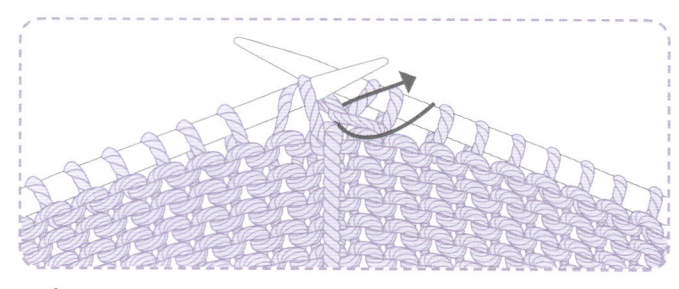

4 Deje el hilo entre las dos agujas como para tejer un punto del revés. Lleve la aguja derecha hacia abajo y atrás a través de ambas lazadas y deslícelas dejándolas caer fuera de la aguja izquierda. Esto crea un punto a partir de dos y disminuye un punto en la vuelta.

Menguados dobles

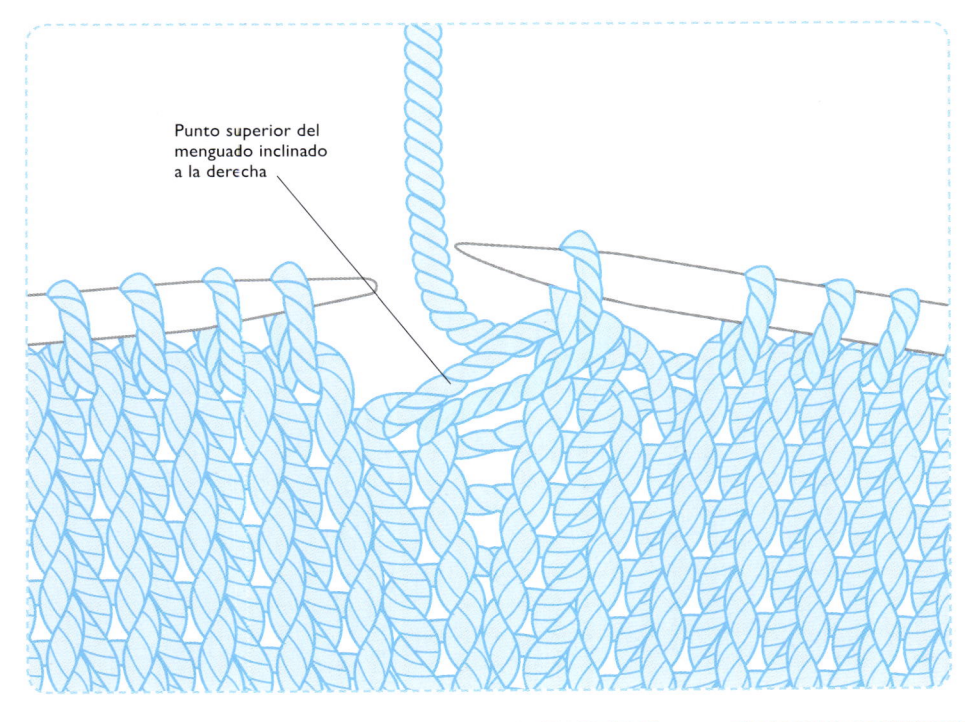

Punto superior del menguado inclinado a la derecha

3dj: inserte la punta de la aguja derecha, de izquierda a derecha, por el tercero, segundo y primer puntos de la aguja izquierda. Téjalos juntos del derecho. Esto mengua dos puntos a la vez.

Punto superior del menguado inclinado a la izquierda

Punto superior del menguado recto

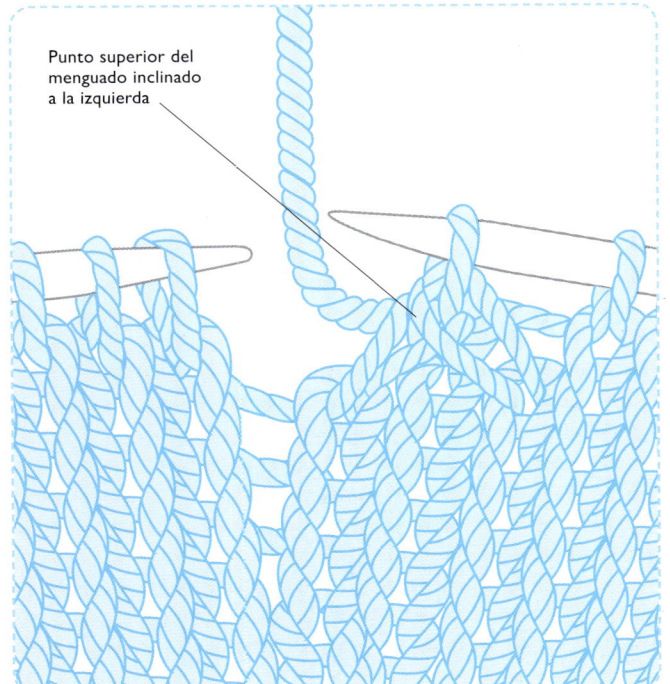

des1+2dj+mon: deslice del derecho un punto a la aguja derecha. Teja los dos siguientes juntos del derecho, monte el punto deslizado sobre los 2dj y déjelo caer de la aguja derecha. Esto mengua dos puntos a la vez.

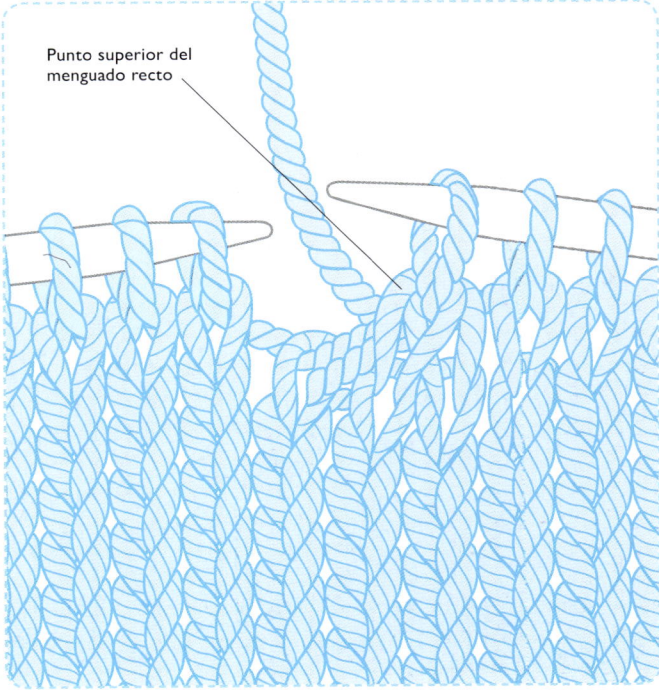

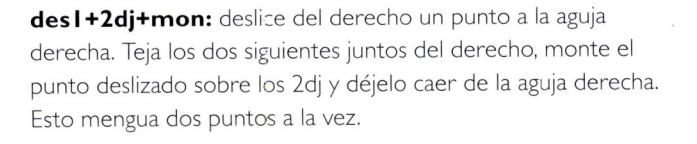

des2+1d+mon2: deslice del derecho dos puntos juntos a la aguja derecha. Teja el punto siguiente del derecho, monte los dos deslizados sobre el recién hecho y déjelos caer de la aguja derecha. Esto mengua dos puntos a la vez.

Útiles y técnicas

Vueltas acortadas

Tejer en vueltas cortas, o acortadas, implica tejer dos vueltas a lo largo de algunos puntos, con lo que estas se añaden solo en una parte del tejido. Es una técnica muy común para dar forma a la costura del hombro y tejer bajos en curva y talones de calcetín.

Evitar agujeros

La mayoría de las técnicas para dar forma a una pieza requieren ocultar el borde de giro. Hay dos maneras de hacerlo: envolviendo o remontando un punto.

El punto bobo se teje únicamente a punto del derecho tanto por el D como por el R de la labor y no requiere envolver los puntos.

1 En vueltas del derecho: al llegar a la posición de giro, deslice el punto siguiente del revés (p. 72) a la aguja derecha, con el hilo por delante. Devuelva el punto a la aguja izquierda, con el hilo por detrás. Gire y teja del revés la vuelta corta. Repita al girar cada media vuelta.

2 En vueltas del revés: al llegar a la posición de giro, deslice el punto siguiente del revés, con la hebra hacia atrás. Devuelva el punto a la aguja, con el hilo por delante. Gire y teja del derecho la vuelta corta. Repita al girar cada media vuelta.

3 Cuando trabaje sobre todos los puntos para terminar de tejer en vueltas cortas, al llegar al punto envuelto, inserte la aguja derecha en este por delante (del derecho) o por detrás (del revés) y téjalo junto con el punto siguiente.

Vueltas acortadas

Remontar un punto para cerrar agujeros

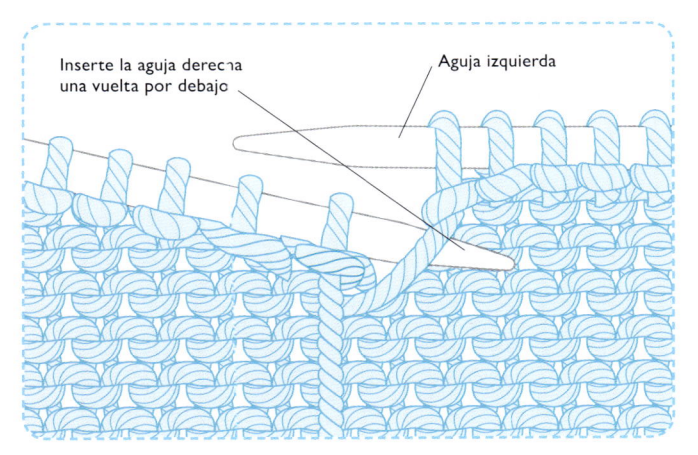

1 Teja una vuelta corta (del derecho o del revés). Gire la labor, deslice el primer punto del revés (p. 72) y siga con la vuelta corta.

2 Al tejer una vuelta final (la labor se muestra aquí invertida para hacer este paso más sencillo), recoja con la aguja derecha el hilo horizontal entre el primer y el segundo puntos de la aguja izquierda y móntelo en esta última.

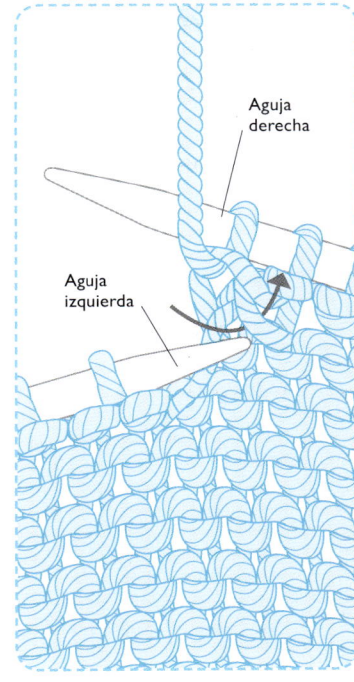

3 Gire de nuevo y teja del derecho el punto remontado junto con el punto siguiente de la aguja izquierda.

4 Si la vuelta final se teje del revés, inserte la aguja izquierda en el hilo entre el primer y el segundo puntos de la aguja derecha, dos vueltas más abajo. Estire esta lazada y déjela caer. Deslice el siguiente punto de la aguja izquierda a la derecha y recoja la lazada caída con la aguja izquierda. Devuelva el punto deslizado a esta aguja y teja del revés los dos puntos juntos.

Cierre en diagonal

Este tipo de cierre es especialmente interesante para crear perfiles pulidos en los hombros de las prendas de bebé. El ejemplo presupone que se sigue un patrón con un borde en diagonal cerrando los puntos en grupos de cinco.

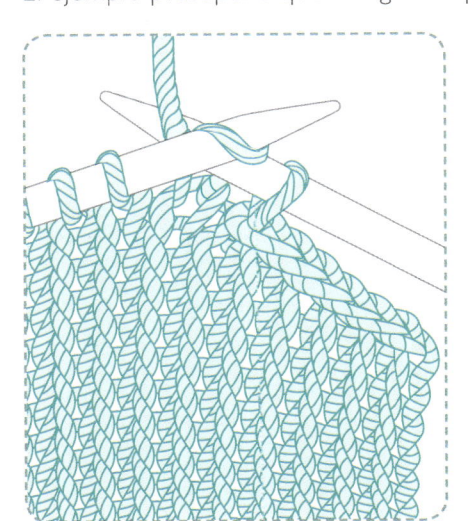

1 Cierre cuatro puntos al derecho y deje el último punto del cierre en la aguja derecha.

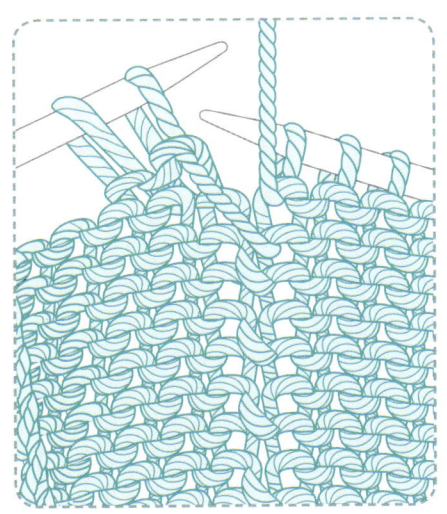

2 Teja del derecho hasta el final de la vuelta, gire la labor y teja del revés hasta que queden solo dos puntos en dicha aguja.

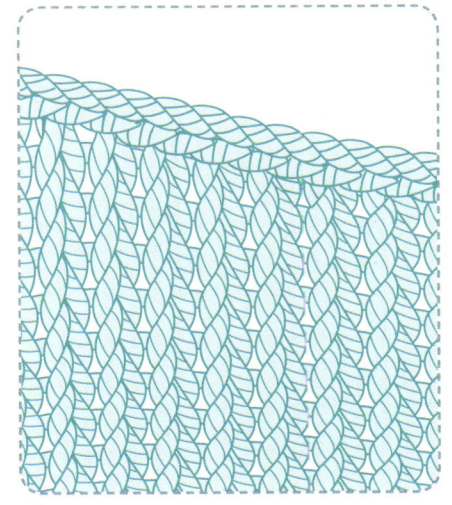

3 Teja del revés estos dos puntos juntos. Gire la labor y repita hasta completar el cierre.

83

Útiles y técnicas

Dar forma: cierre del hombro con vueltas acortadas

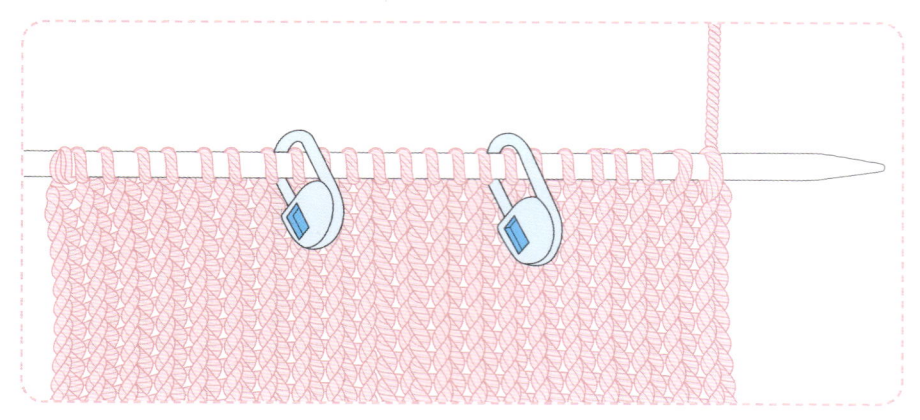

1 Este ejemplo muestra cómo adaptar a la forma del hombro el cierre de un patrón a punto de jersey . Si las instrucciones indican que hay que cerrar 8 puntos en vueltas alternas, tendrá que tejer 8 puntos menos en cada una de estas. Como el borde exterior del hombro es más bajo que el del cuello, las vueltas cortas deben hacerse al final de las vueltas del derecho.

2 Para practicar, puede trabajar con múltiplos de 8 puntos (aquí se muestran 24). Teja la vuelta según la primera instrucción de cierre, pero sin cerrar ningún punto. Luego, gire la labor.

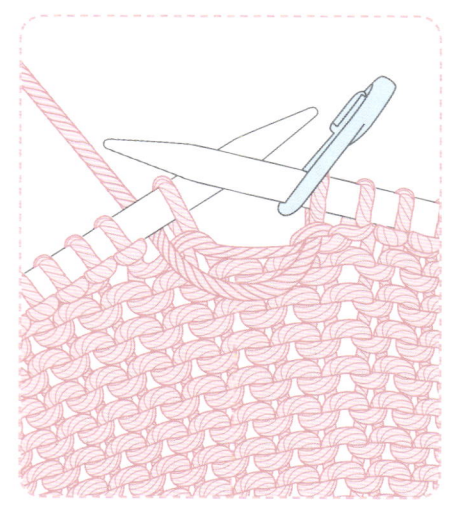

3 Teja a punto del revés 8 puntos y envuelva uno (deslice el siguiente punto del revés, lleve el hilo hacia atrás, recoja el punto deslizado y pase hacia delante la hebra). Gire y teja del derecho hasta el final.

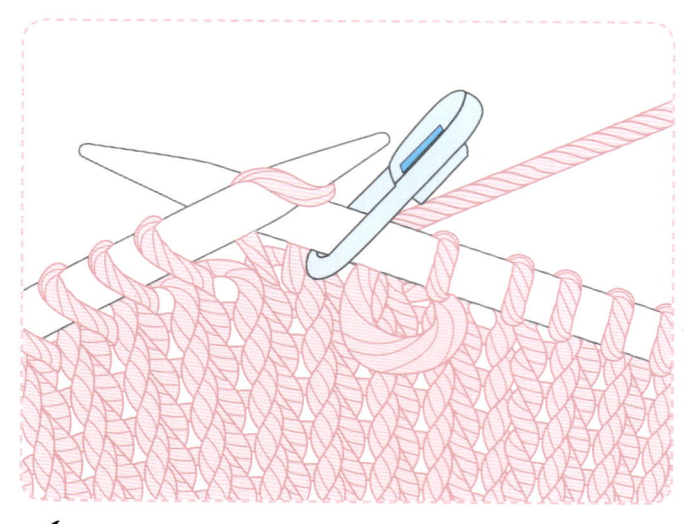

4 Gire de nuevo la labor. Teja del revés hasta 16 puntos desde el final de la vuelta, envuelva un punto y gire. Teja del derecho hasta el final (8 puntos).

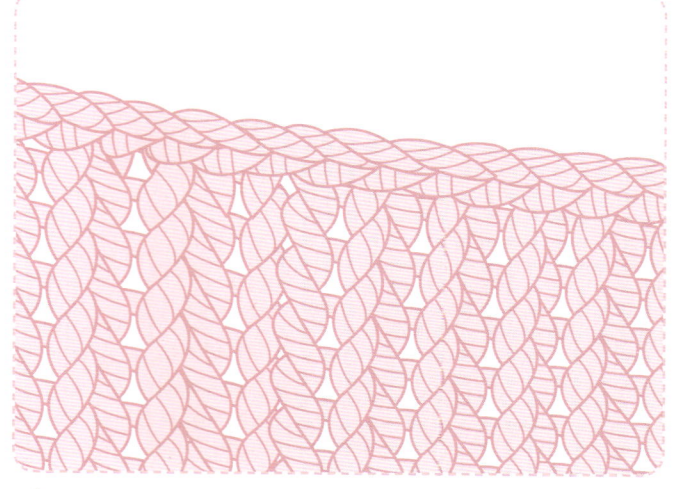

5 Gire la labor. Teja del revés todos los puntos, remontando los envueltos y deslizándolos en la aguja izquierda para tejerlos junto con el punto siguiente. Puede cerrar todos los puntos, o bien pasarlos a una aguja auxiliar para unirlos después. De este modo obtendrá una línea del hombro suavemente inclinada. Una costura remallada es la ideal para unir los bordes de los hombros creados de este modo en prendas de bebé.

Punto multicolor

Existen diversos métodos para dar colorido a un tejido de punto. El más sencillo es usar una lana multicolor o jaspeada, que varía de color a lo largo del hilo. Para introducir motivos de colores en el propio tejido, puede tejer rayas simples y seguir esquemas de intarsia o de jacquard.

Rayas simples

Las rayas horizontales resultan ideales para quien desee jugar con los colores sin aprender técnicas más avanzadas. La variedad de anchura, colores y texturas de las rayas es infinita. Puede seguir cualquier patrón de color liso e introducir rayas sin afectar a la tensión ni a la forma del tejido.

Rayas bicolores a punto bobo

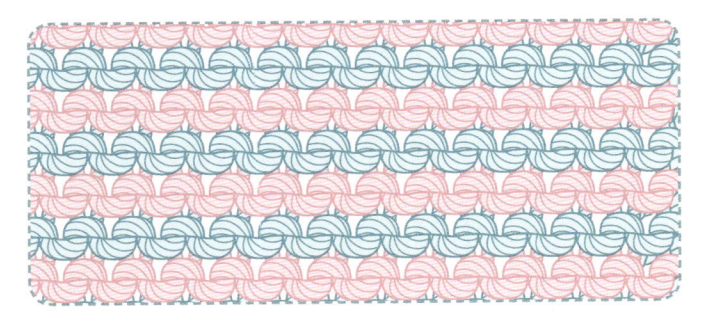

Este patrón de rayas a punto bobo en dos colores (A y B) se crea con dos vueltas alternas de cada color, dejando colgar a un lado el hilo con el que no se trabaja y subiéndolo cada vez que sea necesario.

Pulir los orillos

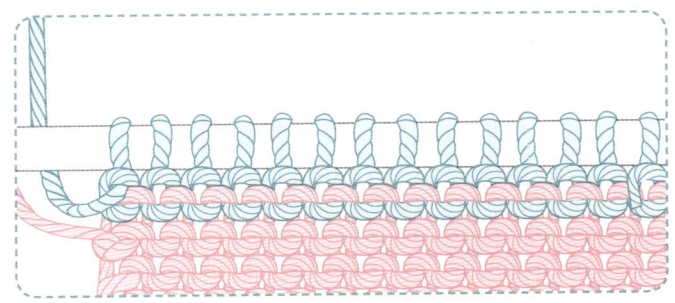

Al tejer rayas de dos colores en vueltas uniformes, los hilos se entrelazan cada 1–2 cm por un lado de la pieza. Alternando la dirección del entrelazado tras cada cambio de color evitará que los hilos se enreden.

Esquemas de punto multicolor

Las técnicas para tejer en colores a punto de jersey abren todo un mundo de posibles diseños. En la intarsia, los hilos de cada color se entrelazan en el punto donde se cambia de color. En el jacquard, el hilo con el que no se trabaja se lleva por el revés de la labor hasta el punto en que vuelve a necesitarse.

Seguir un esquema de punto multicolor

En lugar de una descripción por escrito de los motivos de punto en varios colores, los patrones proporcionan esquemas o gráficos cuadriculados donde los colores se representan con símbolos o manchas de color.

Si el motivo cubre toda la prenda, se proporciona un esquema de gran tamaño para cada elemento, con todos los puntos de la pieza. Si el motivo es repetitivo, se representa tan solo una repetición. En un esquema multicolor a punto de jersey, cada cuadrado representa un punto, y cada fila horizontal, una vuelta. Los esquemas se leen de abajo arriba.

La clave que acompaña al gráfico indica qué color se debe usar para cada punto. Todas las vueltas impares son normalmente del derecho, y se leen de derecha a izquierda; las pares suelen ser del revés, y se leen de izquierda a derecha. Lea siempre cuidadosamente las instrucciones para asegurarse de que el esquema sigue estos criterios generales.

Útiles y técnicas

Detalles de acabado

El acabado es, como indica su nombre, la etapa final de una labor. Con un poco de planificación, los detalles que facilitarán la confección de una prenda y le darán un aspecto más profesional (ribetes, dobladillos, bolsillos o sistemas de abrochado) pueden incorporarse en el propio tejido.

Remontar puntos

Esta técnica puede suponer un desafío incluso para personas con experiencia, pero una preparación cuidadosa y la práctica le serán de gran ayuda.

Antes de aplicarla en labores importantes, resulta conveniente ensayarla en pequeñas piezas con objeto de perfeccionarla.

En bordes de montaje o de cierre

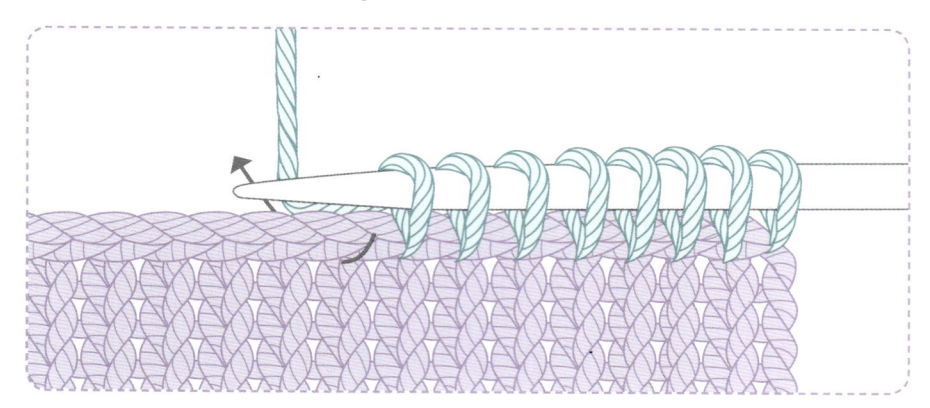

Con el D de frente, inserte la aguja en el primer punto. Dejando un cabo largo, enrolle el hilo en la punta y sáquelo como para tejer un punto del derecho. Continúe remontando y tejiendo un punto del derecho a través de cada punto de montaje o de cierre.

En bordes de finales de vuelta (orillos)

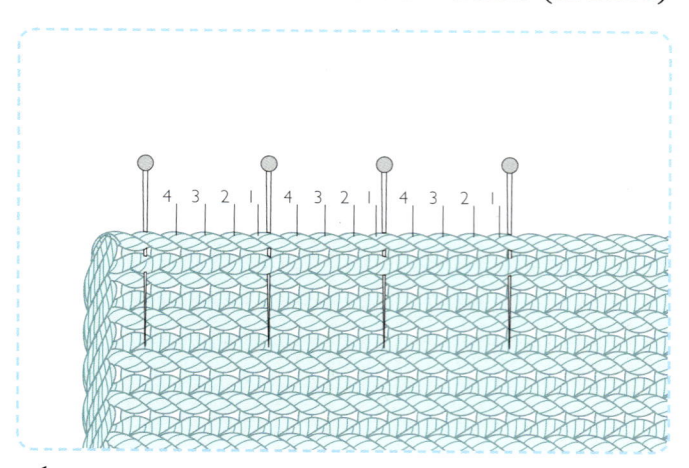

1 En tejidos de lana ligera o media, remonte tres puntos de cada cuatro finales de vuelta. Márquelos por el derecho de la labor colocando un alfiler en el primero de cada cuatro.

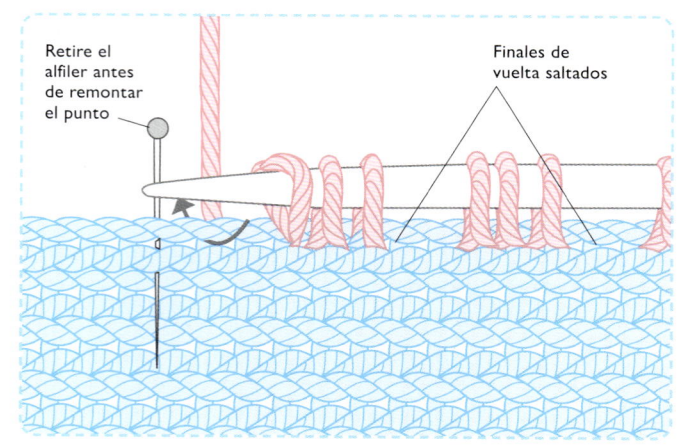

2 Remonte y teja los puntos del derecho como en un borde de montaje, insertando la punta de la aguja por el centro de cada punto, saltando cada cuarto final de vuelta.

Detalles de acabado

Con ganchillo

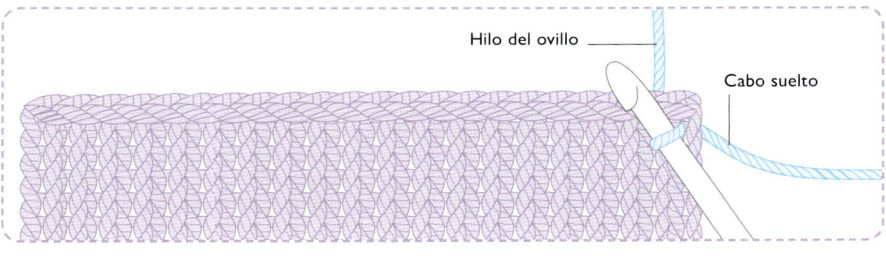

Hilo del ovillo
Cabo suelto

1 Use un ganchillo que pueda pasar por los puntos. Con el D de frente, introdúzcalo a través del primer punto, eche el hilo de izquierda a derecha y sáquelo.

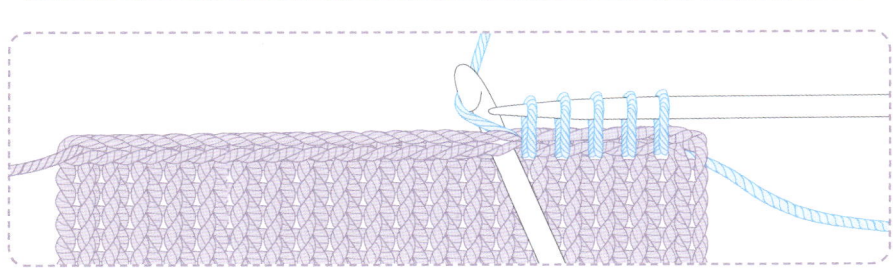

2 Pase la lazada del ganchillo a una aguja de tricotar y tire del hilo para tensarla. Repita, pasando cada lazada a la aguja.

En bordes curvos

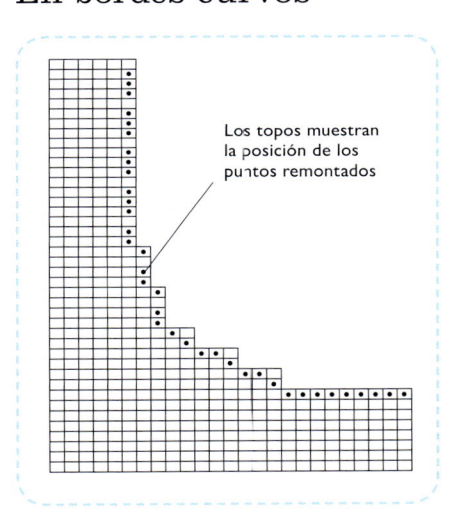

Los topos muestran la posición de los puntos remontados

1 A lo largo de bordes en curva se remonta un punto en cada punto de cierre, y tres de cada cuatro en finales de vuelta. Con el fin de suavizar la curva, sáltese los puntos de las esquinas en los menguados muy próximos.

2 Una vez remontados todos los puntos, teja el borde como indique el patrón.

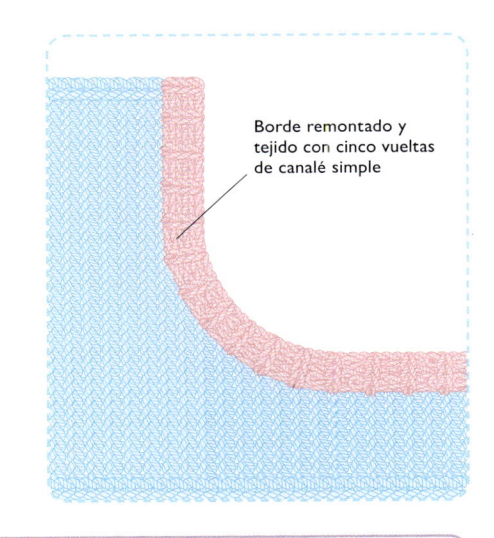

Borde remontado y tejido con cinco vueltas de canalé simple

🌿 Consejos para remontar puntos

Remonte los puntos con un hilo del mismo color que el de la pieza tejida para ocultar imperfecciones. Para un ribete a contraste, cambie al nuevo color en la primera vuelta.

Remonte y teja siempre los puntos con el derecho de la labor de frente, ya que al hacerlo se forma una cresta por el revés.

El patrón del punto especificará qué tamaño de agujas usar para remontar puntos, normalmente el inmediatamente inferior al de las utilizadas para la pieza principal.

Tras remontar el número de puntos requerido, complete el borde siguiendo las instrucciones del patrón, ya sea en canalé, punto de arroz, punto bobo, o con un dobladillo.

Si no logra remontar los puntos «uniformemente» a lo largo de un borde, pruebe a cerrar este de nuevo con más o menos tensión. Si esto tampoco funciona, deshaga el borde y pruebe a ajustar el número de puntos. Si el borde parece demasiado elástico, intente hacerlo con una aguja más fina, y si parece demasiado tenso, pruebe con una más gruesa.

Útiles y técnicas

Estirar prendas acabadas

Antes de coser la prenda, puede ser necesario estirar o alisar las piezas. Consulte siempre la etiqueta del ovillo antes de hacerlo. Los tejidos con relieve, como el punto bobo y el canalé, se estiran mejor en húmedo o aplicando un vapor muy ligero para no alterar su textura: nunca se deben planchar ni estirar.

Estirado en húmedo

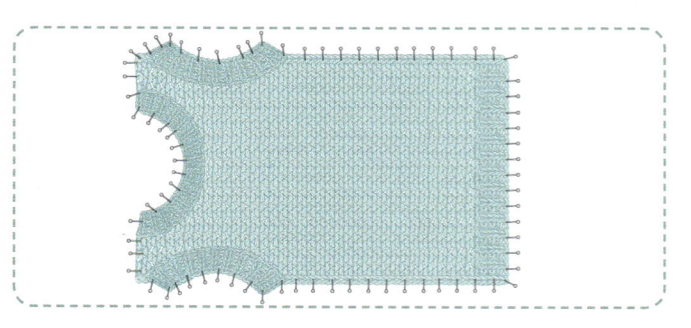

Es el preferible, si la lana lo permite. Utilice agua tibia y sumerja o humedezca la prenda. Escúrrala sin estrujar y póngala sobre una toalla antes de enrollarla en esta para eliminar más humedad. Préndala con alfileres sobre otra toalla cubierta con un papel y déjela secar.

Estirado al vapor

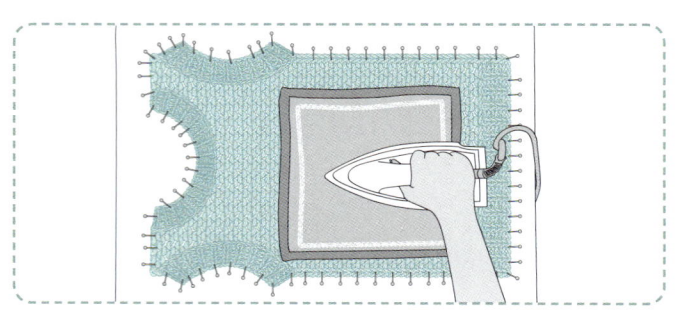

Prenda con alfileres la prenda extendida dándole la forma correcta y ponga encima un trapo mojado. Aplique vapor con una plancha, pero sin apoyarla sobre la prenda y evitando las partes de punto bobo o canalé. Déjela secar por completo antes de retirar los alfileres.

Coser piezas de punto

Los tipos de costura más usados para el punto son: la costura invisible (punto de colchonero), la costura de borde a borde y el pespunte. A veces es necesario hacer una costura remallada; este método es muy útil para unir puntos sin cerrar. Afiance siempre la hebra antes de empezar a coser.

🌱 Consejos

Estire las piezas de punto antes de coserlas. Una vez cosidas, ábralas y apliqueles vapor muy ligeramente si el hilo lo permite.

Utilice siempre agujas laneras o de punta roma para coser punto. Una aguja afilada perforará los cabos de la lana y esto le impedirá sacar el hilo correctamente.

Si el punto es de una lana de fantasía, busque un hilo liso de un tono similar para las costuras. Es preferible coser a punto de colchonero con hebras cortas, ya que las largas podrían romperse.

Antes de comenzar a coser, sujete las piezas prendiéndolas con alfileres en intervalos amplios. Afiance el hilo en el borde de una de las piezas dando dos o tres puntadas por encima.

Haga costuras firmes, pero no demasiado prietas ya que es necesario permitir cierta elasticidad al tejido de punto.

Punto de colchonero

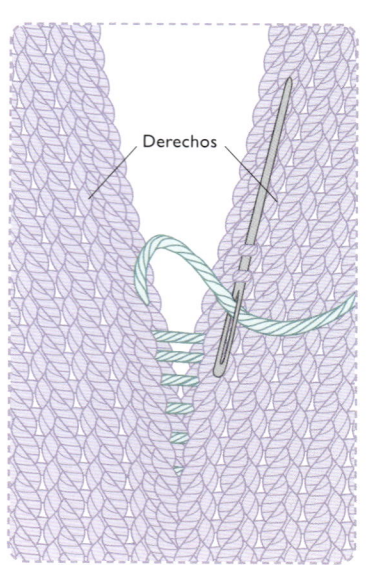

1 Este punto de costura casi invisible es el mejor a la hora de coser canalé y punto de jersey. Alinee los bordes de las piezas con el D de frente.

2 Introduzca la aguja por el centro del primer punto de una pieza y sáquela por el centro del punto de la vuelta superior. Repita en la otra pieza. Tire del hilo con suavidad cada pocas puntadas para tensarlas.

consejo

A la hora de coser, siga las instrucciones del patrón.

(Cárdigan clásico pp. 14–17)

Útiles y técnicas

Costura de borde a borde

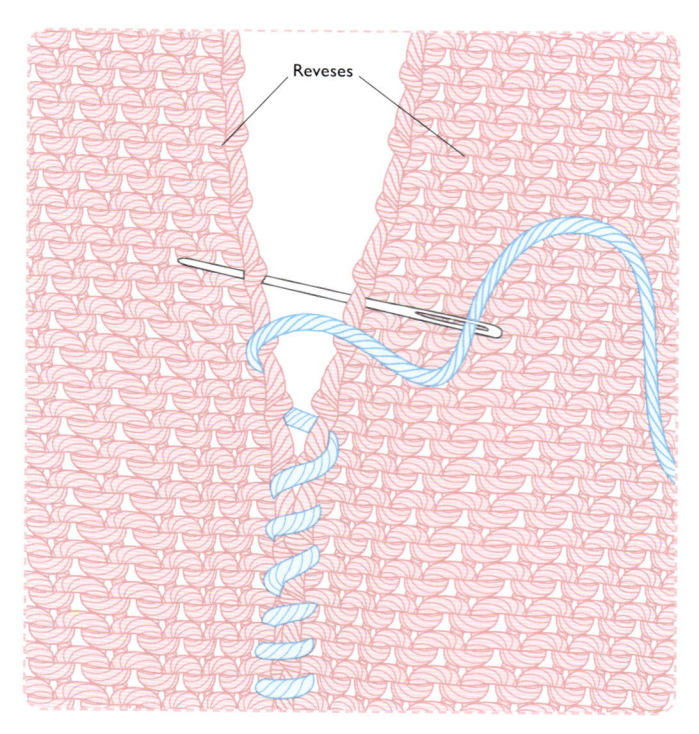

Reveses

Esta costura es adecuada para la mayoría de patrones de punto. Alinee las piezas con el R de frente y vaya dando puntadas a través de los salientes formados a lo largo de los orillos.

Pespunte

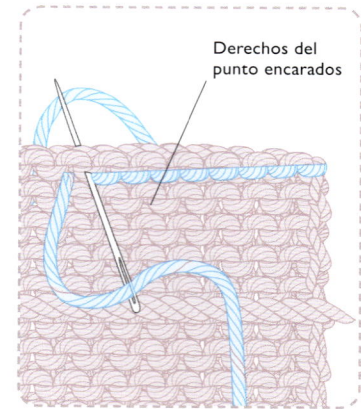

Derechos del punto encarados

Alinee las piezas con los derechos cara a cara. Dé una puntada hacia delante y otra hacia atrás, hasta el punto inicial de la anterior, lo más cerca posible del borde del tejido.

Rematar los cabos

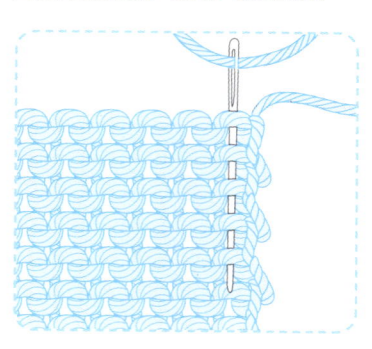

Una pieza de punto tiene al menos dos cabos sueltos: el de montaje y el de cierre (y dos más por cada ovillo que se añada). Para rematarlos debe pasarlos a través de los puntos por el revés de la labor.

Costura remallada

Se puede hacer para unir dos piezas sin cerrar o sobre dos bordes cerrados, como se muestra aquí; en ambos casos se procede de la misma manera.

1 Con las caras del derecho de frente, siga el recorrido de una vuelta como se ve en la imagen.

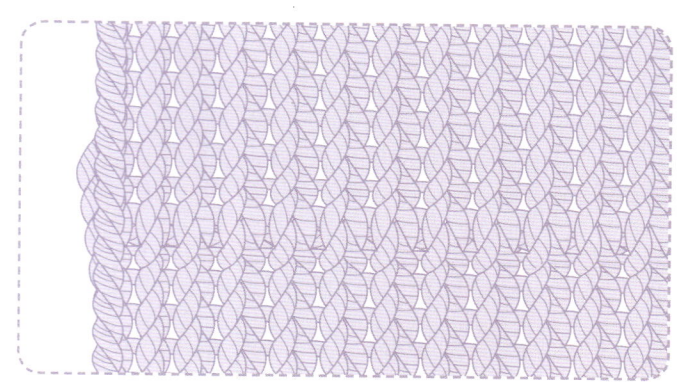

2 Si se hace con un hilo a tono, como en este caso, la costura se integra a la perfección en el punto y parecerá que solo haya una pieza continua.

Sistemas de abrochado y ojales

Aunque los automáticos o cierres a presión de nailon y plástico son más ligeros y discretos, los metálicos o de colores a contraste pueden lucir más. Los de tipo remache son muy útiles: inserte el vástago entre los puntos y, al juntar las dos piezas, asegúrese de que no tengan bordes cortantes.

Coser automáticos

La pieza macho se cose en el interior. Decida su posición contando los puntos y las vueltas exactas en cada pieza y márquela con un hilo que contraste.

1 Anude la hebra y afiáncela en la marca, atrapando la mitad de cada hilo del tejido para que no se vean las puntadas. Ponga el automático encima, introduzca la aguja cerca de uno de sus agujeros y sáquela por este.

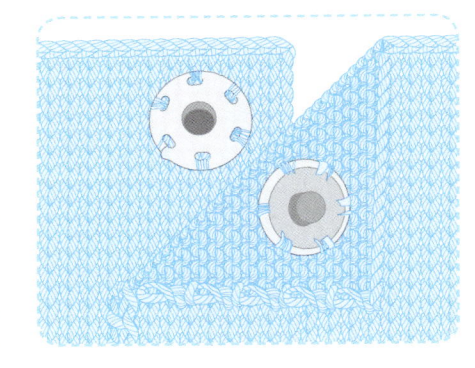

2 Repita tres o cuatro veces en cada agujero, sin sacar nunca la aguja a través del derecho de la labor. Para rematar, dé dos puntaditas una sobre otra, luego haga una lazada con el hilo, pase la aguja a través de ella y tire con firmeza para cerrarla.

Presilla de punto

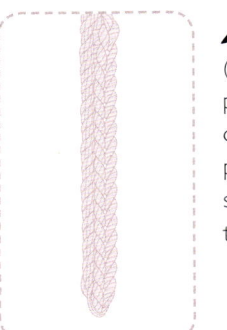

1 Monte en ochos (p. 11) los puntos precisos en función de la longitud de la presilla. En la vuelta siguiente, cierre todos los puntos.

2 Doble la presilla por la mitad. Use los cabos para coserla con cuidado y firmeza al borde interior de la pieza.

Ojete para ojal (también válido para punto calado)

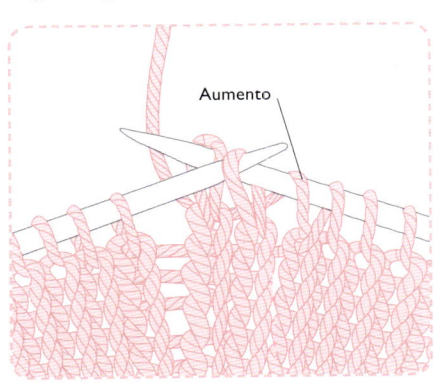

1 En punto de jersey, haga un aumento echando el hilo en la aguja derecha y a continuación un menguado des1+1d+mon.

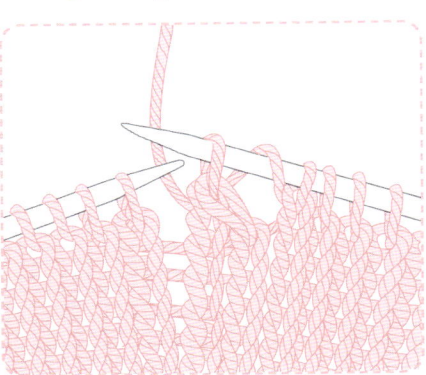

2 El hilo echado crea un agujero, y el menguado compensa el aumento; así la labor conserva la misma anchura.

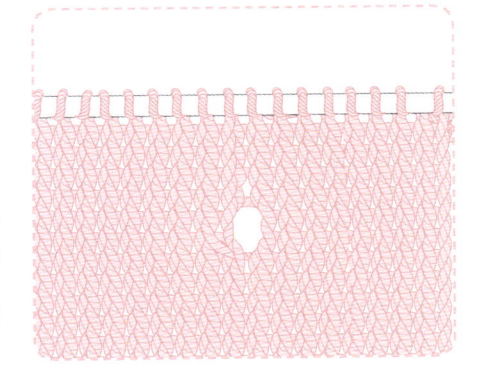

3 En la vuelta siguiente, teja del revés el hilo del aumento. Puede distribuir los ojetes para crear motivos calados.

Útiles y técnicas

Adornos tridimensionales

También puede añadir adornos superficiales bonitos y fáciles de hacer a la labor una vez terminada. Recuerde que debe comprar más hilo. Para hacer los pompones necesitará algunos útiles sencillos, mientras que un montaje o un cierre especiales facilitarán la confección de flecos.

Flecos

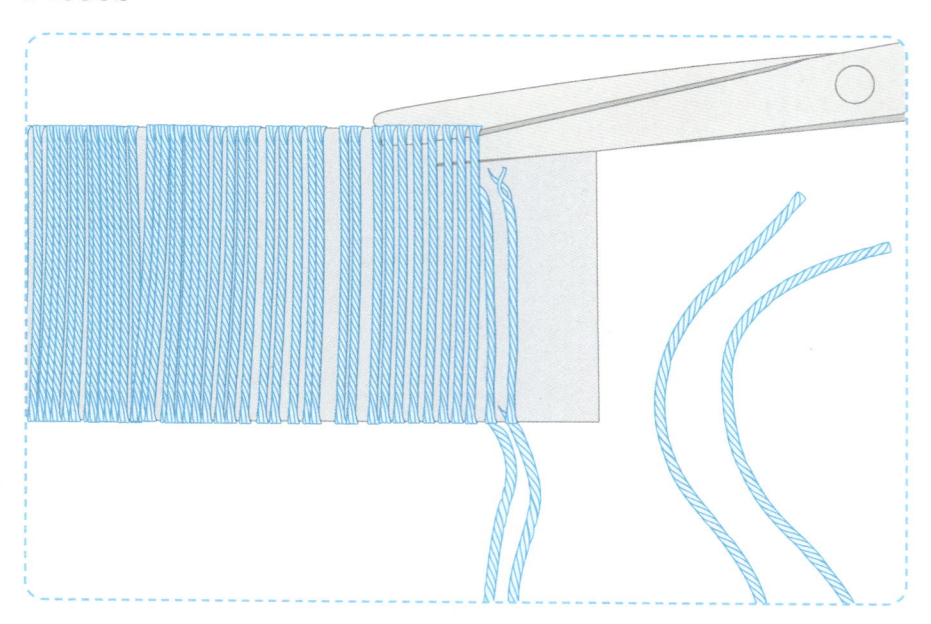

1 Corte una tira de cartón un poco más ancha que la longitud del fleco y enrolle en ella una hebra larga. Corte esta a lo largo de uno de los bordes para obtener hebras dos veces más largas que el ancho de la tira.

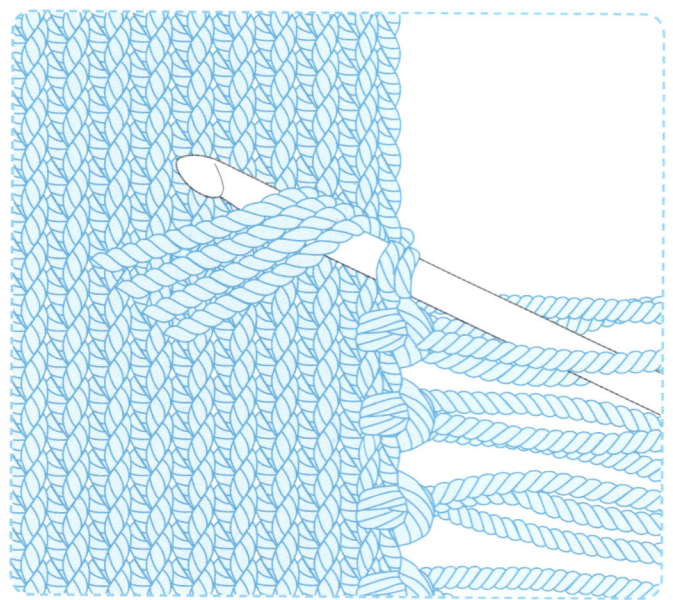

2 Doble varias hebras por la mitad y colóquelas con el doblez junto al borde de la labor por el derecho. Inserte un ganchillo por el revés, cerca del borde o por los agujeros del orillo hechos con este fin. Enganche las hebras por el doblez y páselas hacia el revés.

3 Enganche de nuevo las hebras y páselas por la primera lazada. Repita a lo largo del borde, espaciándolas como se indique. Recorte los extremos para igualarlos. Los flecos pueden llevar cuentas, anudarse o hacerse con hilos sedosos o de color contrastado.

Detalles de acabado

Pompones

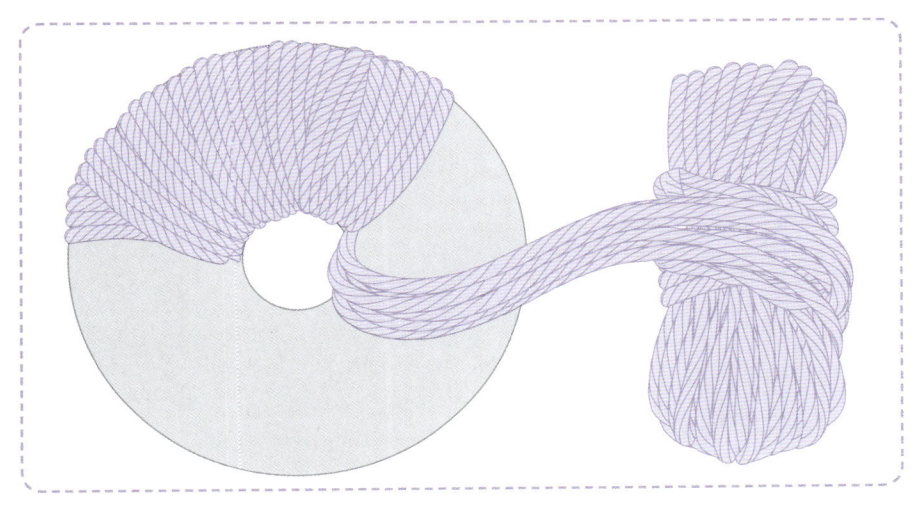

1 Dibuje en un cartón dos círculos de unos 8 cm de diámetro y otro de 2,5 cm en el centro de cada uno. Si el central es más pequeño, el pompón quedará más denso. Recorte los círculos y los centros para crear unos aros parecidos a rosquillas.

2 Corte varias hebras de 1 m de largo y devánelas en una pequeña madeja. Junte los aros de cartón y sujete los extremos de las hebras en el borde. Pase la madeja por el centro y vaya enrollando el hilo.

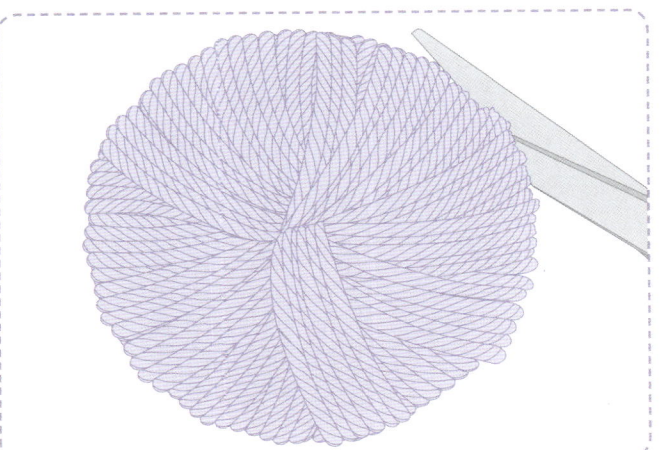

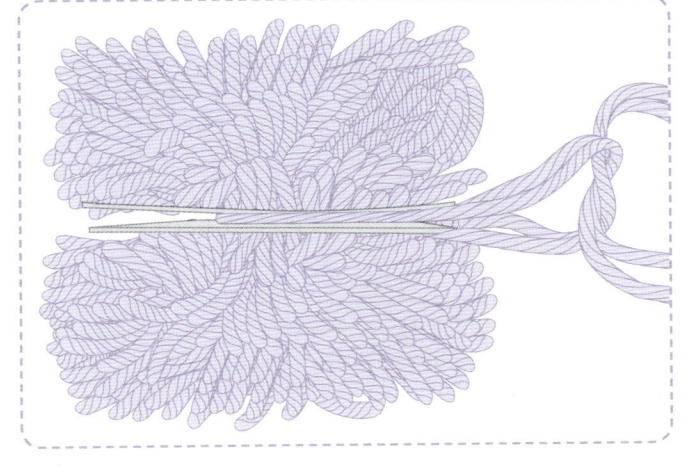

3 Si el hueco central se estrecha mucho, enhebre los hilos en una aguja lanera y siga hasta completar la envoltura. Inserte las tijeras en el borde exterior del círculo y corte las hebras.

4 Deslice una hebra doble entre los cartones, dele un par de vueltas y anúdela con fuerza en torno al centro.

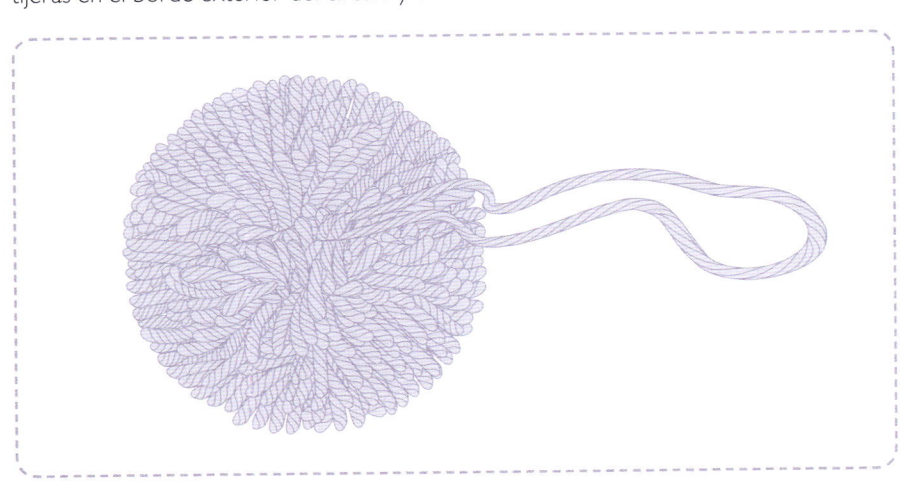

5 Enhebre la aguja y dé unas puntadas a través del nudo. Retire con cuidado los cartones. Sacuda y recorte el pompón para igualarlo, pero sin cortar la hebra del nudo. Para darle más volumen puede aplicarle vapor (colgado de la punta de una aguja por seguridad). Si el patrón requiere un pompón de otro tamaño, bastará con ajustar el tamaño de los círculos.

Índice

A

abreviaturas 60
abrochado, sistemas de 91
acabado, detalles de 86–93
    adornos tridimensionales 92–93
    coser piezas de punto 88–90
    estirado 88
    remontar puntos 86–87
    sistemas de abrochado y ojales 91
acortadas o cortas, vueltas 82
    véase también vueltas acortadas
adornos 92–93
    flecos 92
    pompones 93
aguja auxiliar 65
agujas de tricotar 58–59
    circulares 58
    de bambú 58
    de doble punta 59
    de metal 58
    de plástico 58
    rectas 58
    tabla de equivalencias 59
    tamaño 56, 59
agujeros, evitar 82–83
    envolviendo un punto 82, 84
    remontando un punto 83
artritis, personas con
    agujas de bambú 58
    agujas de plástico 58
arroz, punto de
    Cárdigan clásico 14–17
    Manta a punto de rombos 44–45
aumentos
    aumento cruzado en punto bobo 78
    con un punto falso en vueltas del derecho 74
    con un punto falso en vueltas del revés 75
    echando el hilo 76–78
    echando el hilo al comienzo de una vuelta 77
    echando el hilo entre puntos del derecho 76
    echando el hilo entre puntos del derecho y del revés 77

aumentos *(Cont.)*
    echando el hilo entre puntos del revés 76
    múltiples 75
    remontando un punto en vueltas del derecho 74
    simples 73–75
    tejiendo un punto del derecho por delante y otro por detrás del mismo punto 73
    tejiendo un punto del revés por delante y otro por detrás del mismo punto 73
automáticos 91

B

bambú, agujas de 58
    véase también artritis, personas con
bobo, punto 69
    Chaqueta de recién nacido 10–13
    Guirnalda de banderitas 42–43
    rayas bicolores 85
bordes curvos, remontar puntos en 87
bordes de montaje o de cierre, remontar puntos en 86

C

calado, punto
    corregir errores 71
canalé
    Gorro de recién nacido 26–27
    simple 70
Cárdigan clásico 14–17
cerrar los puntos
    cierre con tres agujas 65
    cierre del derecho 64
    cierre en diagonal 83
chaquetas
    Cárdigan clásico 14–17
    Chaqueta de recién nacido 10–13
    Chaquetita de ballet 18–21
cierre, tipos de *véase* cerrar los puntos
circulares, agujas 58
colchonero, punto de 88
cortas o acortadas, vueltas 82
    véase también vueltas acortadas

costuras
    consejos 88
    coser piezas de punto 88–90
    costura de borde a borde 90
    costura invisible (a punto de colchonero) 88
    costura remallada 90
    pespunte 90
    rematar los cabos 90

D

dar forma 84
derecho, punto del 66
    cierre del derecho 64
    destejer una vuelta del derecho 70
    montaje cruzado al derecho 62
    tejer un punto del derecho por delante y otro por detrás 73
    tejer un punto del derecho por detrás 72
deslizar puntos 65
    del derecho 72
    del revés 72
    deslizar dos puntos y tejerlos juntos del derecho 80
    deslizar dos puntos y tejerlos juntos del revés 80
    deslizar uno, tejer uno del derecho y montar el deslizado 79
destejer
    una vuelta del derecho 70
    una vuelta del revés 70
detalles de acabado *véase* acabado, detalles de
Diadema con flor 28–29
doble con una aguja, montaje 63
doble punta, agujas de 59
dobles, menguados 81

E

envolver un punto 84
esquemas de punto multicolor 85
errores
    destejer una vuelta del derecho 70
    destejer una vuelta del revés 70
    en punto calado o de encaje 71
    remallar un punto caído 71

Índice

estirado 88
   al vapor 88
   en húmedo 88

F
falso, punto
   en vueltas del derecho 74
   en vueltas del revés 75
flecos 92

G
ganchillo, remontar puntos con 87
Gorro de recién nacido 26–27
gráficos 61
   esquemas de punto multicolor 85
   símbolos del punto 61
Guirnalda de banderitas 42–43

H
húmedo, estirado en 88

I
invisible, costura 88
   véase también colchonero,
     punto de

J
jersey, punto de 69
   Chaqueta de recién nacido 10–13
   Jersey sin mangas 22–25
   Móvil de búhos 50–53
Jersey sin mangas 22–25
juguetes
   Móvil de búhos 50–53
   Osito clásico 38–41
   Pelota-sonajero 34–35
   Sol de día, sol de noche 36–37

L
lanas 56–57
   cuidados 57
   etiquetas 57
   pesos 56
   símbolos 57
   y agujas recomendadas 56
lavado, instrucciones de 57

M
mantas
   Manta a punto de rombos 44–45
   Manta cuatricolor 46–49

menguados 78–79
   deslizando dos puntos y tejiéndolos
     juntos del derecho 80
   deslizando dos puntos y tejiéndolos
     juntos del revés 80
   deslizando uno, tejiendo uno del
     derecho y pasando el punto
     deslizado por encima 79
   dobles 81
   tejiendo dos puntos del derecho
     juntos 78
   tejiendo dos puntos del revés
     juntos 79
metal, agujas de 58
montar puntos
   montaje cruzado al derecho 62
   montaje doble con una aguja 63
   montaje en ochos 11
Móvil de búhos 50–53
muestra de tensión 61
multicolor, punto 85
   esquemas de punto multicolor 85
   intarsia 85
   jacquard 85
   rayas 85

O
ochos, montaje en 11
ojales 91
ojete para ojal 91
Osito clásico 38–41

P
patrones
   abreviaturas 60
   gráficos 61
   cómo interpretar patrones 60–61
   instrucciones escritas 60, 72
   símbolos del punto 61
patrones de punto del derecho y del
   revés 69–70
   canalé simple 70
   punto bobo 69
   punto de jersey 69
Patucos de recién nacido 30–31
Pelota-sonajero 34–35
pespunte 90
plástico, agujas de 58
   véase también artritis, personas con
pompones 93
presillas 91

puntos
   símbolos 61
   véanse también las entradas respectivas
puntos de costura *véase* costuras

R
rayas 85
   bicolores a punto bobo 85
   Jersey sin mangas 22–25
   Manta cuatricolor 46–49
   Pelota-sonajero 34–35
   pulir los orillos 85
rectas, agujas 58
remallar un punto caído 71
remontar puntos 86–87
   con ganchillo 87
   consejos 87
   en bordes curvos 87
   en bordes de finales de vuelta
     (orillos) 86
   en bordes de montaje o de cierre 86
   remontar un punto en vueltas del
     derecho 74
   tamaño de las agujas 87
revés, punto del 67
   destejer una vuelta del revés 70
   tejer un punto del revés por delante
     y otro por detrás 73

S
símbolos
   de las lanas 57
   de los puntos 61
   véase también abreviaturas
simple, canalé 70
Sol de día, sol de noche 36–37

T
tensión
   cómo se mide 61
   muestra 61

V
vapor, estirado al 88
vueltas acortadas 82–84
   cierre en diagonal 83
   evitar agujeros 82–83
   para dar forma 84

Z
Zapatitos de tira con botón 32–33

Agradecimientos

Dorling Kindersley desea agradecer a las siguientes personas el trabajo realizado y su contribución a la creación de este libro:

Diseño de punto Debi Birkin, Sian Brown, Fiona Goble, Zoe Halstead, Val Pierce y Frederica Patmore

Tejedoras Brenda Bostock, June Cole, Antonella Conti, Sally Cuthbert, Joan Doyle, Eva Hallas, Dolly Howes, Brenda Jennings, Maisie Lawrence, Patricia Liddle, Ann McFaull, Karen Tattersall, Jane Wales y Brenda Willows

Revisión de patrones Carol Ibbetson y Rachel Vowles

Corrección Angela Baynham

Índice Marie Lorimer

Auxiliares de diseño Charlotte Johnson, Nicola Rodway y Clare Patane

Asistencia editorial Katharine Goddard y Grace Redhead

Fotografía adicional Dave King

Asistencia fotográfica Julie Stewart

Atrezo George & Beth y Backgrounds

Localización fotográfica 1st Option

Fabricantes y distribuidores de lanas Coats Crafts UK, King Cole Ltd, Sirdar Yarns y Sublime Yarns

Acerca de la asesora

La doctora Vikki Haffenden cuenta con una larga trayectoria en la investigación del punto a mano y a máquina, así como en el diseño de prendas de punto. Es coautora del libro *The Knitting Book*, y asesora de *Knit Step-by-Step* y *Big Book of Knitting*, todos ellos de Dorling Kindersley. Su principal objetivo es el estudio de las técnicas del punto para el desarrollo del diseño de tejidos y prendas de vestir. Posee un doctorado sobre diseño de prendas de punto e imparte clases en el departamento de Tejidos de Punto de la Universidad de Brighton en Sussex (RU).